Sabine Bernau

Alles über ADS bei Erwachsenen

HERDER spektrum

Band 5667

Das Buch

AD(H)S, das Aufmerksamkeits-Defizit-(Hyperaktivitäts-)Syndrom – wächst sich nach dem Kindesalter meist nicht aus, sondern dauert an: 60 bis 70 Prozent der betroffenen Kinder zeigen auch als Erwachsene noch die typischen Symptome: Sie können sich schwer konzentrieren, wirken fahrig und aufbrausend, sind leicht ablenkbar. Mindestens zwei Prozent, vielleicht aber auch bis zu sechs Prozent der Erwachsenen – so Schätzungen – sind davon betroffen. Das Chaos im Kopf zu ordnen und ruhiger und konzentrierter zu handeln fällt nicht leicht in einer zunehmend reizüberfluteten Welt. Dennoch: Es gibt Wege, als Erwachsener mit ADHS gut zu leben.

Anhand von Berichten Betroffener informiert die Autorin über die verschiedenen Erscheinungsformen von Erwachsenen-ADHS und seine Begleiterscheinungen. Sie erklärt, wie ADHS diagnostiziert werden kann, welche medikamentösen und therapeutischen Behandlungsformen es gibt und was man selbst tun kann, etwa durch eine veränderte Tagesplanung, durch Bewegung und Ernährung. Vor allem aber macht sie deutlich: ADHS ist kein Stigma; das, was ADHS-Betroffene „anders" sein lässt, kann vielmehr auch eine besondere Begabung und Chance darstellen, besonders wo es um Kreativität und Begeisterungsfähigkeit, Mut und Offenheit für Neues geht – Fähigkeiten also, die man in der schnellen Welt von heute unbedingt braucht. Diese Chance zu sehen kann von entscheidender Bedeutung sein, um ADHS bei sich selbst anzunehmen und die eigenen, mitunter überschießenden Energien sinnvoll zu nutzen. ADHS ist kein Schicksal: der umfassende Leitfaden für ein ausgeglichenes Leben.

Die Autorin

Sabine Bernau, langjähriges Vorstandsmitglied im Bundesverband „Arbeitskreis Überaktives Kind e.V.", hat drei inzwischen erwachsene ADHS-betroffene Söhne. Sie ist in der Testung, Beratung und Betreuung von ADHS-betroffenen Kindern und Erwachsenen tätig, leitet Selbsthilfegruppen sowie Schulungen und hält Vorträge u.a. in Schulen.

Sabine Bernau

Alles über ADS bei Erwachsenen

FREIBURG · BASEL · WIEN

Gedruckt auf umweltfreundlichem,
chlorfrei gebleichtem Papier.

Originalausgabe

2., aktualisierte Auflage

Alle Rechte vorbehalten – Printed in Germany
© Verlag Herder Freiburg im Breisgau 2003
www.herder.de
Satz: Dtp-Satzservice Peter Huber, Freiburg
Herstellung: fgb · freiburger graphische betriebe 2005
www.fgb.de
Umschlaggestaltung und Konzeption:
R·M·E München / Roland Eschlbeck, Liana Tuchel
Umschlagmotiv: © The Image Bank
ISBN 3-451-05667-4

Inhalt

Vorwort 9

Prolog 13

Teil I
Ein Syndrom und Fragen über Fragen.
Informationen rund um ADHS 15

Auf den Punkt gebracht: keine neu aufgetretene Störung . 19

ADHS – die augenblickliche Situation 19
Auf den Punkt gebracht: die neurologische Störung ... 21

Die unsichtbare Störung verändert das Leben 21

ADHS muss kein Schicksal sein 22
Auf den Punkt gebracht: erfolgreiche Therapien 23

Wieder Hoffnung geben – der erste Schritt 23
Auf den Punkt gebracht:
Professionelle Hilfe ist unverzichtbar 31

ADHS – was die Fachwelt darunter versteht 31
Reizaufnahme und Reizverarbeitung 33
Die Bedeutung der Neurotransmitter
für die Wahrnehmung 34
Auf den Punkt gebracht: die neurobiologische Störung . 36

Ererbt und nicht erworben 36
Begleiterkrankungen bei ADHS 37
Auf den Punkt gebracht: genetisch bedingt
und chronisch verlaufend 39

Therapieschema bei ADHS 40

Internationale Definitionen bilden die Richtschnur
bei der Diagnostik 41
   Die Diagnosekriterien 41
   Die Diagnoseschlüssel 42
   Die Leitsymptome einzeln betrachtet 43
   Die Diagnostik bei Erwachsenen 45
   Die Diagnoseschritte im Einzelnen 46
   Auf den Punkt gebracht: Die Diagnostik ist umfassend . 48

Löwenmutter oder Träumerin, Dschungelkämpfer oder einsamer
Wolf: Wie ADHS sich bei Frauen und Männern äußert ... 49
   ADHS bei Frauen 49
   Auf den Punkt gebracht:
   faszinierend und mit hohem Elan 54
   ADHS bei Männern 55
   Auf den Punkt gebracht: kein Mittelmaß 58

Teil II
Die Ressourcen wecken. Selbsthilfe bei ADHS 59

ADHS annehmen und konstruktiv damit umgehen 61
   Hoffnung geben und Hoffnung annehmen 61
   Auf den Punkt gebracht:
   Hoffnung, die Voraussetzung für Veränderung 63
   Seelische Verletzungen heilen 64

Die eigenen Emotionen besser im Griff haben 67
   Selbstliebe und Selbstakzeptanz 68
   Mit sich selbst sprechen 71
   Auf die innere Stimme hören 72
   Die eigenen Stärken und Schwächen erkennen 73
   Fragen stellen 74
   Anerkennen und Stärken loben 75

Gut miteinander sprechen und sich verstehen 75
   Wenn ein Gespräch gelingen soll 76
   Den eigenen Standort kennen 77
   Zu welchem ADHS-Typ gehören Sie? 78

Positives Gefühlsmanagement 81
   Stimmungsschwankungen, „Ausrasten", Aggressivität .. 81
   Negative Verhaltensmuster durchbrechen 82
   Klare und positive Gedanken 83
   Ordnung, Pausen und positive Gedanken
   gegen Erschöpfung und Überreizung 84

Organisation und Handlungsplanung verbessern 88
   Aufräumen und ordnen 88
   Paulas Wochenplan 92
   Paulas Projektplanung für besondere Anlässe 95
   Paulas Checkliste für Feste 96

Schwächen in Stärken verwandeln 97
   Suchen? Jetzt nicht mehr! Tipps 97
   Wegwerfen befreit. Tipps 100
   Wie ein Coach hilft 101
   Gemeinsam mit dem Coach Strategien entwickeln
   und Handlungskompetenz erreichen:
   die Rafael-Methode 103
   Paulas Planungsschema für einen Arztbesuch 106
   Auf den Punkt gebracht:
   Coaching – die ermutigende Betreuung 107

Hohe Ablenkbarkeit begrenzen 108
   Der richtige Arbeitsplatz 112
   Paulas Arbeitsbedingungen für gute Konzentration .. 113
   Gute Arbeitsmethoden mit ADHS 114
   Selbststimulation durch Gefühle 115
   Auf den Punkt gebracht: Anforderungen anpassen 115

Der Lebenspartner mit ADHS 116
   Wenn Kinder geplant sind 122

Planen und Handeln in der Familie 123
   Die Familienkonferenz 123
   Die Familien-Plankonferenz 125
   Klare Regeln in der Familie 126

Teil III
Die medizinische Behandlung 135

Paula besucht den ADHS-Spezialisten 137
Pharmakotherapie: Warum Medikamente
sinnvoll sein können 142
Welche Medikamente setzt man bei ADHS sein? 144
Welchen Wirkmechanismus haben Stimulantien? 147
Atomoxetin –
ein neuer und viel versprechender Therapiestandard 151
Compliance mit der Therapie 153
Langzeitpräparate 153
Medikamente – Vorteile und Nachteile 155
Alternative Therapien und Naturheilverfahren 159

Teil IV
Erfolg mit ADHS 169

Rückkehr ins Leben 174

Epilog 176

Anhang 177

Danach wird der Arzt fragen: Indikationen zur Therapie . . 177
Komorbiditäten bei ADHS 179
Fragebogen hyperaktive ADHS 181
Fragebogen hypoaktive ADHS 183
Kopiervorlagen Planungsbögen 184
Andere Bezeichnungen für ADHS 190
Bücher, die weiterhelfen 190
Selbsthilfeadressen/Verbände 191
Internetadressen 192

Vorwort

Als vor über dreißig Jahren unser erstes Kind geboren wurde, ahnten mein Mann und ich nicht, welche Konsequenzen sich aus der ADHS-Veranlagung unseres Babys und der seiner später folgenden Geschwister ergeben würden. Unsere eigene Hilflosigkeit und das Unverständnis aller Beteiligten zwang uns, intensiv nach verfügbarem Wissen über ADHS zu forschen. Das war in den 1970er-Jahren auch für Mediziner keineswegs einfach: Es gab noch kein Internet und das Beschaffen und Studieren internationaler Literatur und Studium war zeitraubend. In Deutschland galt ADHS damals noch als eine „exotische", relativ seltene Krankheit. Man war unter Therapeuten noch weit davon entfernt, über ein solides Fachwissen oder umfangreiche Erfahrungen zu verfügen. Als Eltern waren wir darauf angewiesen, die seinerzeit bekannten, mutmaßlich erfolgreichen Therapiemodelle bei ADHS auszuprobieren. Da Nahrungsmittelallergien in der Familie eine Rolle spielten, versuchten wir zuerst eine so genannte „oligoantigene Diät", die allergische Reaktionen auf auslösende Nahrungsbestandteile ausschließen sollte. Das wirkte sich zwar positiv auf die Gesundheit unserer Söhne aus, ihr ADHS aber besserte sich dadurch nicht. So begannen wir amerikanische Therapiekonzepte zu übernehmen, die uns stimmig erschienen. In den USA verfügte man damals über weit mehr Erfahrung und therapeutische Modelle als in Deutschland. Bald hatten wir Erfolg, und in dem Maße, wie die Probleme in der eigenen Familie geringer wurden, wuchsen der Wunsch und die Möglichkeit, das neu erworbene Wissen auch anderen ADHS-Patienten zugute kommen zu lassen.

Inzwischen sind die „Kinder-Hypies" von damals erwachsen. Viele, wie auch unsere eigenen, haben ihren Weg gefunden. Sie haben eine Familie gegründet und sind mehr oder weniger erfolgreich im Beruf. Ein nicht unbeträchtlicher Teil kommt mit seinem ADHS-Nachwuchs in die Praxis ... Immer mehr Erwachsene betrachten sich als von ADHS betroffen. ADHS-Frau und ADHS-Mann erkennen und finden sich auf geheimnisvolle Weise. So kennen wir Großfamilien mit vielen Betroffenen, die ADHS als eine Art „Familienkrankheit" ansehen. In vielen Fällen gelang es durch eine erfolgreiche Therapie, den Arbeitsplatz zu retten oder Langzeitarbeitslose wieder arbeitsfähig zu machen. Manch einer konnte einen Berufswunsch, der zunächst unerreichbar schien, doch noch verwirklichen. Viele konnten sich zum ersten Mal unbeschwert freuen, das Leben genießen und ihre Probleme konstruktiv lösen. Das neurologische und biochemische Wissen über die Störung hat sich in den letzten Jahrzehnten in einem erstaunlichen Tempo weiterentwickelt. Heute verfügen wir über bessere Möglichkeiten, sicher zu diagnostizieren, und gesicherte Therapiemodelle. In Deutschland sind vor kurzer Zeit in einer Konsensuskonferenz des Bundesgesundheitsamtes endlich Eckpunkte der Therapie bei Kindern gesetzt worden. Es bleibt zu hoffen, dass diese für Erwachsene ebenfalls bald festgeschrieben werden. Für das Kindes- und Jugendlichenalter war ein Konsens unter Behandlern unübersehbar notwendig.

Kinder und Jugendliche mit ADHS – wie auch Erwachsene – haben es in einer zunehmend reizoffenen Gesellschaft mit immer weniger Struktur und Führung durch hilfreiche Menschen immer schwerer, sich einzuordnen, sich selbst zu organisieren und ihren Platz in der Gesellschaft zu finden. Wohl selten polarisierte die Therapie einer Stoffwechselstörung, von der ein nicht geringer Teil der Bevölkerung betroffen ist, ähnlich breite Schichten in der Bevölkerung. Eine oft genug falsch informierende und reißerische Berichterstattung in den Medien hat ungute Früchte getragen. Vor allem den kleinen Patienten, die dringend Hilfe benötigen, werden nach wie vor wirksame Therapien entzogen. Immer öfter wird in die Therapiehoheit der Ärzte eingegriffen, in falsch verstandenem Bemühen, dem Kind etwas Gutes zu tun und auf seine Selbstheilungskräfte zu vertrauen. Doch ADHS ist eine chronische Erkrankung. Selbstheilung ist nicht zu erwarten.

Mehr noch, je später ein Kind behandelt wird, desto schlechter stehen die Chancen, psychosoziale Schäden noch auffangen zu können. Die Zukunftsprognose fällt nicht sehr günstig aus.

Die Möglichkeiten therapeutischer Intervention haben auf der Seite der Behandler eine neue Qualität bekommen. Neue und bessere Medikamente sind benutzerfreundlicher geworden. Diese Qualität wünschen sich und brauchen Erwachsene ebenso für sich selbst. Sie sehen ihre eigene Störung im Verhalten ihrer Kinder oft genug gespiegelt. Nach dem augenblicklichen Wissensstand ist eine dauerhafte Heilung noch nicht möglich. Doch trotz ihres chronischen Verlaufs ist die Krankheit gut therapierbar.

Erwachsene Menschen mit ADHS sind zwar für Behandler kein Novum – dennoch sind Behandlungssicherheit und Gewissheit in der Diagnostik noch immer nur bei einzelnen, erfahrenen Therapeuten zu finden, beim überwiegenden Teil der Behandler jedoch noch nicht. Die angemessene Versorgung erwachsener Menschen mit ADHS ist keineswegs gesichert. Es wäre für die Betroffenen außerordentlich wünschenswert und gleichzeitig ein großer volkswirtschaftlicher Gewinn, wenn es in großem Umfang gelänge, diese Patientengruppe konsequent zu erfassen und zu therapieren. Dann könnte eine sehr große Zahl von Menschen wieder in den Arbeitsprozess eingegliedert werden. Vielen Langzeitstudenten gelänge es, das Studium endlich erfolgreich abzuschließen. Viele Männer und Frauen könnten geduldigere und liebevollere Väter und Mütter sein. Mitten unter uns existiert eine große Zahl von Menschen mit ADHS. Sie leben unter einem hohen Leidensdruck – viele scheitern. Sie können sich selbst weder verstehen noch ertragen. Sie fragen sich seit ihren Kinderjahren: „Warum bin ich anders, und was ist los mit mir?" Diese Frage kann heute beantwortet werden. Sie sollen und müssen Hilfe erhalten – alle!

Abschließend noch ein Wort zur Bezeichnung des Syndroms. Die inzwischen allgemein verbreitete Bezeichnung ADS unterschlägt das sehr häufig auftretende Symptom der Hyperaktivität. Im vorliegenden Buch wird deshalb durchgängig die Bezeichnung ADHS verwendet: Aufmerksamkeits-Defizit-Hyperaktivitäts-Syndrom.

Seit dem ersten Erscheinen des Buches haben mir viele von ADHS betroffene Menschen deutlich gemacht, welch großer Bedarf an Information, Beratung und Betreuung nicht nur für die Patienten selbst, sondern auch für ihre Angehörigen, Kollegen und Freunde besteht. Auch sind die Möglichkeiten der medikamentösen Therapie für Erwachsene bei Kostenerstattung durch die Krankenkassen noch immer unzureichend. Umso erfreulicher ist die Tatsache, dass ein großes Pharmaunternehmen unlängst die deutsche Zulassung für ein Medikament zur Behandlung von ADHS *bei Erwachsenen* in die Wege geleitet hat. Auch wenn eine Verschreibung auf Rezept bei Erstattung durch die Krankenkasse momentan noch weit entfernt scheint, ist doch die Hoffnung berechtigt, dass sich dies in Zukunft ändern könnte.

Mit Sicherheit wird das Thema „ADHS bei Erwachsenen" demnächst eine neue Qualität in der Präsenz und Aufmerksamkeit der Politiker, der Krankenkassen, der Behörden und nicht zuletzt der Therapeuten erhalten – eine gute Option für die chronisch von ADHS Betroffenen.

Hambergen 2005

Sabine Bernau

Prolog

Der junge Mann sieht mich mit unnatürlich glänzenden Augen an. Er schlingt seine Arme um den Leib. Unwillkürlich fröstele ich. „Wenn du ADHS hast", sagt er, „bist du vom ersten Tag deines Lebens anders als alle anderen. Du bist einsam in deinem Schildkrötenpanzer. Du bist das Chamäleon, mal weiß, mal schwarz. Du kennst kein Mittelmaß. Du bist alles mit allen Sinnen, du liebst das Leben und möchtest es wegwerfen. All das gibt dir Glück ohne Grenzen. Es lässt dich auf dem Drahtseil tanzen. Doch ein Wort, ein Blick stürzen dich in Schwärze. Da bist du wieder wie am Anfang. Du spürst den Panzer, du bist allein." Zwischen uns entsteht eine Atmosphäre des unmittelbaren Verstehens. „Und obwohl ADHS eine ganz gewöhnliche und alltägliche Erkrankung ist, von der ungefähr sechs bis zehn Prozent der Bevölkerung betroffen sind, nimmt sie dir den Atem vom ersten Tag deines Lebens an. Alles Liebgewonnene, deine ganze Existenz, dich selbst formt sie mit gleichbleibender Kraft, sie schleift dich in jeder Sekunde an jedem Tag. Ich weiß, diese Krankheit wird ebenso leicht von Eltern an ihre Sprösslinge weitergegeben wie rotes Haar und Kurzsichtigkeit. Es gibt keine Grenze! Mich ergreift große Trauer, wenn ich an diese Uferlosigkeit denke.

Es soll ein Ende haben ..."

Ich sehe seine Tränen, er erzählt seine Geschichte. Von nun an sind wir Freunde.

Teil I

Ein Syndrom und Fragen über Fragen
Informationen rund um ADHS

Es ist die letzte Chance. Die Seiten seiner Diplomarbeit liegen wild vor ihm ausgebreitet auf dem Schreibtisch. Markus H. will heute endlich die letzten Arbeiten daran beenden. Er muss. An der Universität hat er alle möglichen Terminverlängerungen ausgeschöpft – wenn er die Arbeit nicht bis kommenden Freitag 24.00 Uhr in den Uni-Postkasten geworfen hat, war alles umsonst.

Markus steht im zwanzigsten Semester – gelingt die Abgabe nicht rechtzeitig, wird er exmatrikuliert. Markus blättert hektisch in seinem Manuskript. Noch drei Tage Frist – dann muss es ein Ende haben! Er schiebt den Ordner beiseite. Erst einmal Marga anrufen, die kann immer Mut machen. Der Fernseher läuft, Markus verfolgt die Sendung aus den Augenwinkeln. Überhaupt braucht er jetzt erst einmal etwas zu trinken. Draußen lärmt die Müllabfuhr. Mit der Diplomarbeit wird es erst mal nichts.

Das kann ja nur Hanna passieren. Typisch! Die sechsunddreißigjährige Sachbearbeiterin ist ständig vom Pech verfolgt. Im Beruf bringt sie kaum etwas auf die Reihe. Ihre Wohnung: ein Schlachtfeld. Ihr Beruf: knapp vor dem Scheitern. Partner: flüchten nach kurzer Zeit. Hanna lebt im Chaos – außen wie innen. Nur mit größter Mühe bringt sie ein wenig Konzentration auf, alles ödet sie an. Mit ihrer spitzen Zunge kann sie nicht hinterm Berg halten. Das haben Kollegen übel genommen. Eine Abmahnung vom Chef hat sie schon. Wenn das so weiter geht ...

Petra kann nicht still sitzen, kippelt, wippt, trommelt mit den Fingern auf dem Tisch, hört nicht zu, nervt, stellt hastige Zwischenfragen. Petra brauchte schon in der Schule immer einen Extratisch.

Stefan steht seit seiner Kindheit unter Strom, nichts geht ihm schnell genug. Dass er hochbegabt ist, hat ihm keinen Vorteil gebracht. Eher hat er alle und alles ihn genervt. Das Auto, das ihm sein Vater kaufte, hat er zu Schrott gefahren. Ohne seine Eltern würde er nichts auf die Reihe bringen. Die unterstützen ihn und fördern seinen Leistungssport, denn da ist er wirklich klasse. Stefan hat keine Ahnung, was aus ihm werden soll.

Markus, Hanna, Petra und Stefan wissen inzwischen, was mit ihnen los ist. Ihr Leiden heißt ADHS. Das Aufmerksamkeits-Defizit-Hyperaktivitäts-Syndrom. Die von der Weltgesundheitsorganisation (WHO) benannte und definierte Krankheit ist weltweit die häufigste neurobiologische Störung im Kindes- und Jugendalter.

Und danach? Wächst sich das aus? „Das tut es nicht", sagt Dr. B., der die vier jungen Leute behandelt. „ADHS haben viele Erwachsene, das bleibt bis zum Rentenalter – auch noch länger. Manchmal wird es schwächer und man kann dann allein damit zurechtkommen." Offenbar nicht immer, denn seiner ADHS-Sprechstunde gehen die Patienten nicht aus.

Die vier jungen Leute haben sich in der Praxis kennen gelernt. Markus, Hanna, Petra und Stefan werden seit einiger Zeit behandelt und es hat Fortschritte gegeben: Tatsächlich hat Markus seine Diplomarbeit rechtzeitig abgeliefert; bis zur letzten Sekunde hat er daran gearbeitet. Übrigens, Hannas Wohnung ist jetzt leidlich aufgeräumt, sie hat es allein geschafft. Die Kündigung hat sie gerade noch einmal abwenden können. Petra kommt jetzt besser mit sich zurecht. Ihre Fingernägel sind ihr nicht mehr im Weg. Sie ist ruhiger und konzentrierter. Stefan hat sich für ein Sportstudium entschieden und auch schon einen Studienplatz bekommen. Ob es mit allen so weitergeht?

„Wir haben Glück gehabt", sagt Markus, „dass in der Praxis von Dr. B. unser ADHS so schnell behandelt werden konnte. Bei den meisten von uns war es schon fünf vor zwölf. Sicher, es wird Rückschläge geben, aber man tappt nicht mehr so im Dunkeln. Jeder von uns hielt die Krankheit für einen Charakterfehler. Das hat uns ziemlich runtergezogen. Weil sie kein Charakterfehler ist, können wir jetzt alles viel vorurteilsloser sehen." Seinen ersten Arbeitsplatz tritt er demnächst an.

Auf den Punkt gebracht: keine neu aufgetretene Störung

- ADHS ist keine Erfindung der modernen Zeit. ADHS gab es schon immer.
- Seit Beginn des 20. Jahrhunderts wird die Störung benannt.
- Seit 1937 wird ADHS mit Erfolg medizinisch behandelt.
- Es wurde viel geforscht, doch noch immer besteht erheblicher Forschungsbedarf.

ADHS – die augenblickliche Situation

Heinrich Hoffmann hat bereits 1845 den „Zappelphilipp" beschrieben, quasi als Metapher für das aufmerksamkeitsgestörte, motorisch unruhige Kind. In seinem Kinderbuch beschrieb der Kinder- und Nervenarzt viele Facetten und Ausprägungsformen von ADHS bei Kindern. Er hielt der damaligen Gesellschaft mit dem „Struwwelpeter" eine Darstellung mit den häufigsten seelischen Erkrankungen und Verhaltensstörungen ihrer Kinder vor Augen. Dr. Hoffmann kannte sich aus, denn diese Kinder sah er vielfach in seiner täglichen ärztlichen Praxis. Inzwischen sind weit über 150 Jahre vergangen. Den Zappelphilipp, das Paulinchen und den bösen Friedrich gibt es noch immer. Doch dank der modernen Forschung haben wir ein klares Bild und mehr Wissen über die Ursachen und den Verlauf der Störung. Auch außerhalb der klinischen Forschung sind immer mehr Mediziner, Psychiater und Psychologen gut informiert und fortgebildet. Sie bieten vielfach kompetente Hilfe an.

Auch die Eltern von Zappelphilipp und Traumsuse haben Bücher gelesen und Vorträge und Seminare besucht. Selbsthilfegruppen bilden ein hilfreiches Gesprächsforum, unterstützen und bringen weiter. Das Internet bietet hervorragend gestaltetes Fachwissen in komprimierter Form an und ist stets am Puls der Zeit (empfehlenswerte Seiten finden Sie im Anhang).

Da ADHS in den letzen Jahrzehnten so intensiv wie kaum ein anderes kinderpsychiatrisches Krankheitsbild beforscht wurde, stehen Ärzte nicht selten Eltern gegenüber, die sehr gut informiert sind. Nicht zuletzt hat das Erstarken der Eltern- und Betroffenen-Selbsthilfe-Verbände viel dazu beigetragen, dass bei Betroffenen, Laien und Fachleuten ein zunehmendes Bewusstsein für ADHS zu verzeichnen ist. Entsprechende Fortbildungen für Lehrer und ErzieherInnen trugen erheblich dazu bei, dass ADHS inzwischen ein anerkanntes Thema ist. In jeder öffentlichen Debatte – ob sie nun kontrovers, emotional oder sachlich-informativ ausgetragen wird, liegt die Chance des besseren Verständnisses für Menschen mit ADHS.

Auch eine steigende Anzahl von Erwachsenen hält sich für krankhaft zerstreut und von innerer Unruhe getrieben. Viele Eltern erkennen sich in ihren ADHS-Kindern wieder. Eine englische Fachzeitschrift erklärte das Syndrom für Kinder wie auch für Erwachsene zur häufigsten chronischen psychiatrischen Störung. Leider wird ADHS bei Erwachsenen in Europa noch sehr selten diagnostiziert und behandelt. Besonders der unaufmerksame Typ mit verminderter Daueraufmerksamkeitsspanne, verstärkter Ablenkbarkeit und leichter Erschöpfbarkeit, Tagträumereien und Desorganisation bleibt häufig unerkannt. Fachleute schätzen jedoch, dass bis zu sechs Prozent aller Erwachsenen an den – mehr oder weniger – starken Auswirkungen eines ADHS leiden. Unter diesen ca. 6 Prozent befinden sich lt. Angaben aus den USA viele Künstler, Politiker, Manager und Journalisten. (In den USA ist das Krankheitsbild bei Erwachsenen schon länger bekannt.)

Wir wissen heute, dass ungefähr bei einem Drittel der ADHS-Patienten die Störung mit der Pubertät an Intensität verliert und nicht mehr therapiert werden muss. Bei ca. zwei Dritteln besteht die Störung auch im Erwachsenenalter behandlungsbedürftig weiter. Obgleich qualifizierte Therapeuten für Kinder und Jugendliche mit ADHS zur Verfügung stehen, haben es Erwachsene noch schwer, einen Therapeuten zu finden. Lange Wege und Wartezeiten müssen häufig in Kauf genommen werden.

Auf den Punkt gebracht: die neurologische Störung

- ADHS ist eine neurologische Störung, die im Kindes-, Jugend- und Erwachsenenalter auftritt.
- ADHS ist seit Beginn des 20. Jahrhunderts als behandlungsbedürftige Störung anerkannt.
- Das Syndrom galt lange als eine ausschließliche Störung des Kindes- und Jugendalters.
- Heute wissen wir, dass bei ca. zwei Drittel der Kinder mit ADHS das Syndrom im Erwachsenenalter behandlungsbedürftig fortbesteht.
- Erwachsene Menschen mit ADHS sollten ebenso sorgfältig diagnostiziert und therapiert werden wie Kinder mit ADHS.

Die unsichtbare Störung verändert das Leben

Überall im Alltag begegnen wir Menschen mit ADHS. Nie hätten wir bei unserem aufbrausenden Nachbarn oder der zerstreuten, schnippischen Verkäuferin ein ADHS vermutet, und doch kann es sein. Wenn es so ist: Diese Menschen leiden! Ob als Kind, Jugendlicher oder Erwachsener – immer begegnet man ihren Problemen mit Unverständnis. Der Grund für ihre Defizite im Verhalten und für ihre Schwächen im Beruf ist äußerlich nicht sichtbar und nicht in ein verstehbares Schema einzuordnen. Menschen mit ADHS stehen häufig unter einem Leidensdruck, der bis an die Grenzen des Erträglichen gehen kann. Sie verstehen sich selbst nicht. Dies macht sie so verletzlich. Ohne dass sie es im mindesten wollen und bei bester Absicht geschehen ihnen ständig Missgeschicke: Hier wurde etwas vergessen, ein Brief nicht beantwortet, ein Antrag nicht abgeschickt, da gibt es Missverständnisse mit Kollegen, Zeitvorgaben wurden nicht eingehalten, Termine versäumt, Kunden am Telefon nicht höflich genug geantwortet. Der Chef ist verärgert und der Arbeitsplatz wackelt. Zu Hause herrscht Chaos – dabei wurde doch aufgeräumt! Wieder den größten Teil des Einkaufs vergessen, das Kind nicht rechtzeitig abgeholt. Die Hausschlüssel sind mal wieder unauffindbar! Dabei sollte doch wirklich alles anders werden!

Waren die harten Worte des Kollegen, man sei charakterlos, dumm und faul, doch berechtigt? Erwachsene Menschen mit ADHS verlieren allzu schnell ihre Selbstachtung und ihr Selbstvertrauen. Dabei benötigen sie doch so dringend Erfolge. Das Leben erscheint ihnen als mühsame Bürde zwischen Frustration, abgrundtiefer Müdigkeit und Überdruss. Doch müsste es zu dieser verhängnisvollen Entwicklung nicht kommen, wenn ihnen die Hilfe ihrer Mitmenschen sicher wäre, denn kein ADHS-Mensch begeht seine Fehlleistungen mit Absicht. Man könnte mit etwas Coaching vom Lebenspartner und einem guten Erinnerungsmanagement so manche Klippe umschiffen. Doch ohne medizinisch-psychologische Therapie und ohne die Hilfe und das Verständnis ihrer Mitmenschen (die sie sich so sehr wünschen) können Betroffene weder im privaten noch im beruflichen Bereich die Kraft zur Veränderung finden.

ADHS muss kein Schicksal sein

So wie Eltern eines ADHS-Kindes heute nicht mehr bereit sind, die Andersartigkeit im Verhalten ihres Kindes als Schicksalsschlag hinzunehmen, wollen auch Erwachsene mit ADHS sich nicht länger mit den Auswirkungen ihrer Störung abfinden. Die Erwartungen an den spezialisierten Arzt sind entsprechend hoch. Doch die Vielschichtigkeit der Probleme lässt sich nicht mit Patentrezepten lösen. Wenn ein ADHS diagnostiziert ist und die Therapiemaßnahmen greifen, kann es zu erstaunlichen positiven Entwicklungen kommen. Manche Schwierigkeiten lösen sich rasch und leicht – an anderen muss noch lange gearbeitet werden. Doch er oder sie sind auf einem guten Weg, denn zielgerichtetes Denken statt umherschweifender Gedanken wird möglich. Lernen und Gelerntes anzuwenden, von Erfahrungen zu profitieren, in Ruhe eine Arbeit zu beginnen und auch zu beenden bedeutet eine ganz neue Art von Lebensqualität. Viele Erwachsene, die vorher aufgrund des ADHS nicht oder nur begrenzt arbeitsfähig waren, finden nun in den Arbeitsprozess zurück. Die Fähigkeit zur Selbstregulation entwickelt sich und ermöglicht im Laufe der Zeit mehr Alltagskompetenz und ein vorher nicht gekanntes Gefühl von Sicherheit und Berechenbarkeit der eigenen Reaktion.

Dass es möglich ist, Hoffnung zu haben, Selbstbewusstsein zu entwickeln und der eigenen Kraft vertrauen zu können, ist eine fundamentale Erfahrung für Menschen mit ADHS in jedem Alter, wenn sie sich einer entsprechenden Therapie unterziehen.

Auf den Punkt gebracht: erfolgreiche Therapien

- ADHS ist eine erfolgreich therapierbare Störung.
- Therapien sollen mehrgleisig angelegt sein.
- Therapien brauchen viel Zeit, denn sie sollen die Entwicklung neuer Fähigkeiten einleiten.

Wieder Hoffnung geben – der erste Schritt

Die meisten Menschen, die noch nicht wissen, dass sie ADHS haben, sind durch viele leidvolle Erfahrungen gezeichnet. Sie verachten sich für ihre Misserfolge und halten sich insgeheim für charakterlos, unfähig, dumm und schlecht. Scham, Demütigung und Selbstvorwürfe sind ein Teil ihres Lebens geworden. Viele haben jede Selbstachtung verloren. Die meisten versuchen verzweifelt, ein „normales" Leben vorzuspiegeln und die Furcht vor Entdeckung ihrer „wahren" Natur treibt sie zu immer neuen Bewältigungsstrategien und Verschleierungstaktiken. Sie benötigen den größten Teil ihrer Energie, Tatkraft und ihrer intellektuellen Leistungsfähigkeit, um ihren Kopf über Wasser zu halten. Erwachsene mit ADHS haben die negativen Glaubenssätze, dumm, faul, schuldig, charakterlos, schlecht und unzuverlässig zu sein, tief verinnerlicht. Diese Überzeugungen fußen schließlich auf den Erfahrungen ihres ganzen bisherigen Lebens. Die Resignation – das Gefühl, nichts wirklich ändern zu können – ist tragisch. Viele haben die Hoffnung auf Besserung verloren. Zahlreiche Konsultationen bei Fachleuten haben bislang immer wieder bestätigt, dass mit ihnen „alles in Ordnung" sei. Sie selbst aber fühlen, dass dies eben nicht in vollem Umfang stimmen kann.

Mein jahrelanger Umgang mit Erwachsenen und Kindern mit ADHS hat mir immer wieder gezeigt, dass der erste und wichtigste Schritt der Therapie nicht medizinischer Natur, sondern menschlicher Natur sein muss: Man muss ihnen wieder Hoffnung geben. Man sollte ihnen ihre guten Eigenschaften vor Augen führen, die sie schon lange vergessen und verleugnet haben. Sie sollten ein Gefühl dafür bekommen, dass sich alles noch zum Guten wenden kann.

Negative Glaubenssätze sind für Menschen mit ADHS ein bestimmender Teil ihres Lebens geworden. Sie sind schwer aufzulösen. Dennoch ist dies mit einfühlsamen Verständnis möglich. Wenn die Diagnose ADHS gestellt wurde, erleben die Patienten dies als eine ungeheure Offenbarung – eine Erlösung von der Ungewissheit ihrer Andersartigkeit. Ihre Misserfolge werden erklärbar. Dadurch gewinnen sie wieder Handlungskompetenz. Die ihnen eigene lebendige Vorstellungskraft hilft dabei, die Besserung ihres Zustandes als Ziel zu entwerfen. Mit diesem Pfund muss in der Therapie gewuchert werden.

Der richtige Weg bei der Behandlung von Erwachsen verläuft deshalb über folgende Zwischenschritte:
– ADHS diagnostizieren,
– Hoffnung geben,
– aufklären,
– unterstützen, ermutigen, betreuen,
– Strukturen geben, zuhören (Coaching),
– Verhaltenstherapie/Psychotherapie einsetzen,
– medikamentöse Behandlung der neurobiologischen Störung.

Wie schwer die Auflösung negativer Glaubenssätze ist und wie lange der Weg zur Anerkennung der eigenen Therapiebedürftigkeit sein kann, zeigt die Geschichte von Christa:

Vor einigen Tagen bin ich fünfzig geworden und dies war mein erstes Geburtstagsfest, das ich genießen konnte. Ich bin als erstes Kind meiner Eltern zur Welt gekommen. Ich war ein Wirbelwind, immer in Bewegung, mutig, fröhlich, impulsiv. Doch meine Freude am Leben wurde seit meiner Einschulung immer geringer. Schnell stellte sich heraus, dass ich mit Zahlen nichts anfangen konnte. Das 1 x 1 wurde ein Lebensproblem. Das Lesen lernte ich schnell, doch die Rechtschreibung wollte nicht in meinen Kopf. Daheim musste ich stundenlang unter Druck und Angst lernen. Die Eltern waren beide Lehrer und hatten absolut kein Verständnis für meine Schwierigkeiten. Ich wurde zur Enttäuschung für meine Eltern, die sich ein kluges, ruhiges und leistungsfähiges Kind erziehen wollten. In der Schule hielt ich mich irgendwie über Wasser. Insgeheim hielt ich mich für absolut dumm. Auch sonst hatte ich zwei linke Hände und fühlte mich ständig erschöpft. Hitze und Kälte, Lärm und viele Menschen beieinander konnte ich nicht ertragen. Ich brauchte Ruhepausen und einen Rückzugsort, um wieder Kraft zu schöpfen. Ich beendete die Schule mit viel Mühe. Dann machte ich eine Berufsausbildung und begann danach ein Studium. Noch immer war es mir nicht möglich, unter Stress zu lernen. Zu mündlichen Prüfungen trat ich nicht an.

Ständig fühlte ich mich über Gebühr erschöpft, innere Unruhe und Zukunftsangst verließen mich nie. Ich heiratete noch im Studium. Mein erstes Kind wurde geboren und (wie ich heute weiß) es hatte hochgradig ADHS.

Der Junge war eine Rakete – ein Kind, das meinem Mann und mir Tag und Nacht keine Ruhe ließ. Ich litt ununterbrochen unter extremen Müdigkeitszuständen. Schließlich musste ich mein Studium aufgeben. Ich war völlig demoralisiert. Das Urteil meiner Eltern, ich sei dumm und faul, hatte sich wieder einmal bestätigt: Ich konnte nicht einmal ein Kind erziehen ... Ich bekam noch einen Sohn und dann eine Tochter. Auch sie haben ADHS. Ich erkannte meine eigenen Schwierigkeiten in ihnen wieder. Wir versuchten ihnen Chancen zu geben. Es war ein ewiger Kampf um Alltagsdinge, Schulangelegenheiten, Ängste, Verzweiflung. Doch diesmal wollte ich keinen Misserfolg hinnehmen. Ich lernte viel über ADHS, engagierte mich in einer Eltern-Selbsthilfe-Organisation. Mühsam baute ich ein Fünkchen Selbstbewusstsein auf. – Die Jahre vergingen. Mit Hilfe eines fähigen Therapeuten war es gelungen, die ADHS- Schwierigkeiten der Kinder erfolgreich zu reduzieren. Diesmal hatte ich nicht versagt! Ich konnte meine Kinder beruhigt in die Zukunft entlassen.

Endlich gestand ich mir meine schon lange gehegte Vermutung ein, selbst von ADHS betroffen zu sein und suchte „unseren" Therapeuten auf. Meine Vermutungen bestätigten sich und die nun eingeleite Therapie wirkte erstaunlich. Meine lang anhaltenden Erschöpfungsphasen hatte ich bereits als einen normalen Teil meines Lebens akzeptiert und meine Lebensgestaltung notgedrungen darauf eingestellt, doch nun blieben diese Phasen aus und ich wurde in (fast) normalem Ausmaß leistungsfähig! Müde war ich dann, wann es sein sollte – nachts. Meine quälenden Schlafstörungen verschwanden. Entscheidungen konnte ich jetzt leichter treffen. Mit kühlem Kopf Situationen einschätzen und danach handeln – auch etwas Neues! Heute bin ich teilweise berufstätig und lerne jeden Tag mehr, mir selbst zu vertrauen. Ich bin neugierig, was noch alles in mir steckt! Doch ein großes Bedauern ist in mir: Warum erst jetzt, wie viele verschenkte Jahre! Ich hätte ein leichteres Leben haben können!

Christa verdankt die so erfolgreiche Behandlung ihrer Störung im fortgeschrittenen Erwachsenenalter einem außerordentlich erfahrenen, mit ADHS vertrauten Arzt. Der junge Student Dennis hatte dagegen das Glück, relativ früh einer ADHS-Behandlung zugeführt zu werden und konnte viele Schwierigkeiten erfolgreich aufarbeiten. Doch seine Therapie wird zu früh abgebrochen. Dennis (21 Jahre) berichtet:

Kleinkinderzeit mit Zorn und Ungeschick

„An mein Leben als Klein- und Kindergartenkind kann ich mich kaum erinnern. Deutlich sind mir später die ständigen Ermahnungen und die Überkontrolle meiner Mutter vor Augen. Ich muss ein anstrengendes Kind gewesen sein. Auch war ich schon früh davon überzeugt, es niemandem recht machen zu können. Ich hatte Hände, aus denen alles herausfiel: Wassergläser, Suppenlöffel, Brille, auch das geliebte Meerschweinchen. Meine Füße führten sozusagen ein Eigenleben; sie kannten kein rechts und links, stießen an alles, was im Wege war. Ich hatte Augen, die nur wenig und ungenau oder viel zu viel wahrnahmen. Meine Ohren waren überempfindlich. Die Stimmen anderer Kinder und die meiner Eltern erschienen mit quälend laut. Ich schaltete ab und überhörte sie – oft ohne es zu wissen. Zeit war eine unbekannte Dimension: Ich kam zu spät, zu früh oder gar nicht, spielte in der Nacht, schlief am Tag. Die Überfülle der Gedanken in meinem Kopf war manchmal spannend, meistens quälend. Ich kam niemals zur Ruhe.

Hinter der Nebelwand

Meine Eltern suchten mehrere Ärzte auf, aber man war ratlos. Ich lebte in meiner Phantasiewelt und konnte doch schon im Kindergartenalter Bilderbücher lesen. Freunde fand ich aber nicht. Nur selten wollte ein anderes Kind mit mir spielen. Ich war einfach zu bestimmend. Es sollte alles nur nach meinen Regeln geschehen. Täglich schrie ich vor Trotz, Wut und Verzweiflung, Spielzeug flog an die Wand … Dann wieder war ich abgrundtief traurig. Drei Jahre Spieltherapie brachten den Psychologen und mich an die Grenzen des Ertragbaren; am Ende hatte sich kaum etwas geändert. Ich fühlte mich mehr und mehr wie hinter einer Wand aus Nebel.

Endlich Hilfe in der Grundschulzeit

Die Wende kam, als ich einem Kinderarzt vorgestellt wurde, der mein Problem erkannte. Mein ADHS wurde diagnostiziert und fachgerecht behandelt. Die Wirkung war verblüffend. Nach kurzer Zeit lichtete sich der Nebel – ich konnte meinen Augen und Ohren trauen. (Der Kinderarzt stellte nach einigen Wochen eine bedeutende Verringerung meiner Wahrnehmungsstörungen und meiner Ungeschicklichkeit fest.) In der Schule war manches für mich plötzlich interessant und meine Leistungen besserten sich. Auch kam ich endlich zur Ruhe, konnte anderen zuhören. Meine Wutanfälle wurden seltener.

Freunde finden und akzeptiert werden

Das Beste aber war, dass ich mit elf Jahren endlich einen Freund fand und von meinen Klassenkameraden zu Geburtstagen eingeladen wurde. Ich war einfach glücklich, dennoch war mir überhaupt nicht klar, dass die Veränderungen mit mir selbst zusammenhingen. Ich dachte eher, die anderen hätten sich geändert ...

Sich selbst vertrauen können

Ich genoss das Gefühl, mich selbst besser steuern zu können: Ich war für mich selbst berechenbar geworden. Ich stand nicht mehr neben mir, sondern war jetzt „Herr im eigenen Haus". Früher hatte ich ständig das Gefühl, unter Druck zu stehen und fühlte mich wie getrieben. Dazu kamen die vielen unerfüllbaren Regeln in der Schule und zu Hause! Jetzt fühlte ich mich selbstverantwortlich. Ich konnte auf meine Entscheidungsfähigkeit vertrauen.

Dennis macht mit Hilfe seiner Eltern eine positive Entwicklung. Eine Verhaltentherapie konnte von ihm angenommen und umgesetzt werden, doch leider wurde diese gute Entwicklung bald in Frage gestellt:

Ich habe mich dann in der Schule richtig gut gemacht und wechselte auf das Gymnasium. Ich hatte Spaß am Unterricht. Meine Leistungen reichten aus. Mit der Konzentration und dem ruhigen Sitzen hatte ich noch immer Probleme, aber es ging. Die Zeiten der völligen Überreizung, der abgrundtiefen Müdigkeit und der aggressiven Ausbrüche waren vorbei. Für die Schule musste ich mich ziemlich anstrengen, um bei der Sache zu bleiben. Aber ich schaffte es.

Veränderung in der Pubertät

Als ich vierzehn Jahre alt war, änderte sich mein Leben radikal. Der Kinderarzt erklärte, er könne und wolle mich nicht weiter behandeln, ich sei nun zu alt dafür. Nach so langer Zeit müsse ich doch über das ADHS hinweg sein! Ich dachte mir nicht viel dabei und war eigentlich ganz froh, nicht mehr an die regelmäßige Einnahme von Medikamenten denken zu müssen. Meine Eltern waren mit dem Arzt einer Meinung. In den folgenden Wochen und Monaten wunderte ich mich über die zunehmende Unfreundlichkeit der Menschen in meiner Umgebung. Ich war verärgert und gereizt. Ich gab doch mein Bestes! In der Schule ging es immer schlechter. Das Lernen war so mühsam! Eigentlich hatte ich zu nichts mehr Lust und hing nur noch herum. Es wurde bald brenzlig: Meine Noten gingen „in den Keller". Mir war das überhaupt nicht egal, aber ich wusste nicht, wie ich etwas verbessern konnte. Meine Freunde zogen sich von mir zurück, nachdem wir wiederholt gestritten hatten. Ich war sauer auf alle.

Wieder hinter dem Nebel

Ich war wieder hinter meiner Nebelwand verschwunden. Die einzige Hilfe für mich war Sport. Wenn ich intensiv gelaufen war oder Fußball gespielt hatte, lichtete sich die Nebelwand ein wenig und ich konnte konzentrierter und leistungsfähiger sein. In diesen Phasen fühlte ich mich ausgeglichener und entspannter. Doch dieser Effekt schwächte sich schnell ab und die bekannte Fahrigkeit und Überreizung quälten mich erneut. Meine Eltern beobachteten mich voller Sorge. Schließlich erfuhr meine Mutter die Adresse eines Arztes, der sich mit ADHS bei Jugendlichen und Erwachsenen auskannte. Ich hatte überhaupt keine Lust auf erneute ärztliche Behandlung. Mir war alles egal. Ich hatte resigniert und fand mich jetzt ganz gut so. Was sollte schon werden? Ich hatte sowieso keine Chance. Wir bekamen einen Termin bei diesem Arzt. Ich wehrte mich. Wer soll mir schon helfen! Ich war doch der geborene Loser. Nichts würde besser werden. Meiner Mutter zuliebe ließ ich mich überreden.

Von Dr. K. bekam ich wieder das Medikament, das ich schon kannte, diesmal war es ein Langzeitpräparat. Ich konnte nach der ersten Einnahme die Tabletten für ca. sechs Stunden vergessen. Das war angenehm in der Schulzeit. Am Nachmittag erinnerte mich meine programmierte Uhr mit Pieptönen an die Einnahme. Trotzdem versprach ich mir nicht viel davon.

Aus dem Nebel zurück ...

Diesmal dauerte es länger, bis die Leute wieder freundlicher wurden. Ich hatte viel Porzellan zerschlagen und die Freundschaft meiner Klassenkameraden und die Geduld der Lehrer auf eine harte Probe gestellt. Jetzt fühlte ich mich entspannter und war weniger angriffslustig. Das Lernen fiel mir leichter, aber der Leistungsrückstand war nicht mehr aufzuholen. Ich wiederholte ein Schuljahr, dann ging es bergauf.

An die Zeit hinter dem „Nebel" kann ich mich noch sehr gut erinnern – ich war damals nicht ich selbst: gequält, gereizt, erschöpft und aggressiv. Immer schwankend zwischen himmelhoch jauchzend und zu Tode betrübt.

Mehr Selbstbestimmung durch psychologische und medikamentöse Hilfe

Durch die psychologische Therapie konnte ich lernen, meine Schuldgefühle, Angst, Trauer und Resignation aufzulösen. Es war ein langer Weg zu mir selbst. Noch immer bin ich impulsiv und meine Stimmungen wechseln schnell. Ich weiß jetzt: ADHS trifft Erwachsene ebenso wie Kinder – denn aus ADHS-Kindern werden ADHS-Erwachsene.

Das Wichtigste: ADHS zu haben muss keine Katastrophe sein – denn ADHS ist behandelbar. Ich bin jetzt erwachsen. Ich bin wach und mitten im Leben. Mit meinen Defiziten wie mit meinen guten Seiten kann ich umgehen. Hinter der Nebelwand möchte ich mich nie wieder verlieren.

Auf den Punkt gebracht:
Professionelle Hilfe ist unverzichtbar

- Die Auflösung negativer Glaubenssätze bedeutet viel Arbeit an sich selbst.
- Schuldgefühle, Angst, Trauer, Resignation und Zorn sind die größten Stolpersteine auf dem Weg zum eigenverantwortlichen Leben mit ADHS.
- Medizinische und psychologische Therapien sind bei ADHS völlig unverzichtbar.
- Ohne professionelle Hilfe und das Verständnis der Mitmenschen kann sich keine Besserung einstellen.

ADHS – was die Fachwelt darunter versteht

Dass Kinder grundsätzlich temperamentvoller, offener und spontaner als Erwachsene sind, verwundert niemanden – es ist eine Tatsache. Impulsivität, Spontaneität und leichte Ablenkbarkeit in normalem Ausmaß sind Merkmale der Kindheit. Doch bei einigen Kindern sind diese Merkmale über das übliche Maß hinaus ausgeprägt und halten an. Eltern klagen, dass ihre Erziehungsmaßnahmen keine Wirkung zeigen. Die Familienbeziehungen werden auf das Äußerste belastet. Für das Kind kann ADHS zu einer erheblichen anhaltenden Entwicklungsstörung werden. Bleibt das ADHS unbehandelt, bleibt es in der Pubertät bestehen. Die Schwierigkeiten wachsen sich nicht aus, sondern werden eher stärker. Himmelhoch jauchzend – zu Tode betrübt: Stimmungsschwankungen, gepaart mit Lern- und Leistungsstörungen verunsichern die Jugendlichen in höchstem Maße. Oppositionelles Verhalten bis hin zum Abgleiten in die Kriminalität, Drogenkonsum und Arbeitsverweigerung sind nicht selten. Bei Mädchen mit unbehandelter ADHS kommt es oft zu Frühschwangerschaften in einem extrem frühen Lebensalter.

Der junge Erwachsene neigt noch immer dazu, jedem Impuls nachzugeben, er ist hochgradig ablenkbar durch äußere Reize und hypersensibel. Übersteigerte Gefühle sind quälend. Die schwankende Leistungsfähigkeit verwundert die Kollegen am Arbeitsplatz, denn manchmal sprühen junge Erwachsene mit ADHS vor kreativen Einfällen und finden unkonventionelle Lösungen, die sie mit hohem Elan und Einsatz umsetzen.

ADHS kann sich im Erwachsenenalter durch gute Bedingungen (interessante Berufsanforderungen, hilfreiche Kollegen, verständnisvolle Partner) relativ unauffällig darstellen. Andererseits kann ADHS zum Risiko werden und zur Störung aller Lebensbereiche führen. Ein hoher Leidensdruck fördert die Entwicklung von Begleiterkrankungen.

Was weiß die Wissenschaft über diese so häufig vorkommende Hirnfunktionsstörung? Zuerst sehen wir uns an, was ADHS *nicht* ist:
– Es ist nicht die Folge von wenig effektiven Erziehungseinflüssen in der Kindheit,
– nicht die Folge von besonders ungünstigen Lebensumständen,
– nicht die Folge von traumatischen Erlebnissen und seelischen Belastungen,
– nicht die Folge von Charakterschwäche und mangelndem gutem Willen,
– nicht die Folge von falscher Ernährung,
– nicht die Folge eines ungesunden, reizüberfluteten Lebenswandels,
– nicht die Folge von Medikamenten oder Drogen.

ADHS ist keine psychoreaktive Störung!

Über ADHS besteht unter Wissenschaftlern ein internationaler Konsens: Das Aufmerksamkeits-Defizit-Hyperaktivitäts-Syndrom wird als ein **komplexes Krankheitsbild** verstanden – eben als ein Syndrom, bei dessen chronischem Verlauf durch alle Lebensalter hindurch ein Zusammenspiel von neurologischen und psychosozialen Faktoren wirksam wird.

ADHS basiert auf biologischen Faktoren. Die Störung verursacht Veränderungen in der Neurochemie und damit in der

„Datenverarbeitung" des Gehirns. Wissenschaftler sind sich darüber einig, dass die Hauptursache in einer veränderten Funktionsweise vor allem im Bereich des Stirnhirns wie auch in tief liegenden Bereichen eines „Corpus striatum" genannten Gehirnareals zu finden sind.

ADHS ist eine Störung der Reizaufnahme und der Reizverarbeitung in bestimmten Hirnabschnitten.

Reizaufnahme und Reizverarbeitung

Bei der Aufnahme und Verarbeitung von Reizen, etwa beim Sehen, Hören, Fühlen, Tasten, Riechen und Schmecken spielen Neurohormone, die so genannten Neurotransmitter, eine entscheidende Rolle. Wird deren Arbeit gestört, kann die Nachrichtenverarbeitung nicht reibungslos ablaufen. Störungen in der Wahrnehmung sind die Folge. Bei ADHS sind Veränderungen im Stoffwechsel der Neurotransmitter aus dem Kreis der Katecholamine (Dopamin, Noradrenalin, Serotonin) nachweisbar. Diese Überträgerstoffe werden zu rasch und zu intensiv abgebaut. Infolgedessen ist die Informationsübertragung gestört oder erfolgt gar nicht. Die Folgen sind Aufmerksamkeitsschwäche, Impulsivität und (meist) Hyperaktivität.

Aber auch die bedeutsame Fähigkeit zur Auswahl von Reizen nach ihrer Wichtigkeit und die Hemmung von unwichtigen Nachrichten ist bei ADHS verändert. Um mit der Anzahl von Daten fertig zu werden, die jede Sekunde auf uns einstürzen, muss das Hirn auswählen, was wichtig ist. Im Ultrakurzzeitgedächtnis werden normalerweise 97 Prozent aller aufgenommenen Daten gelöscht, von den verbliebenden Daten im Kurzzeitgedächtnis noch einmal 90 Prozent. Nur eine von etwa 300 Informationen wird in das Langzeitgedächtnis übernommen.

Diesen ungeheuer wichtigen Vorgang des Auswählens der wichtigen Reize aus der Datenflut und die Unterdrückung der unwichtigen Reize nennen wir Konzentration.

Ohne ausreichende Filter und Hemmvorgänge im Gehirn wären wir orientierungslos und handlungsunfähig. Unwichtige Reize könnten die wichtigen überlagern. Das Denken würde chaotisch und sprunghaft vor sich gehen. Wir könnten nicht mehr zielgerichtet handeln und entscheiden. Unsere Aufmerksamkeit wäre massiv gestört wegen der vielen gleichzeitig eintreffenden Sinnes-Eindrücke. Nur durch gezielte Auswahl von wichtigen Reizen ist das Gehirn in der Lage zu lernen. Dieses Lernen ist für jeden Menschen von lebenswichtiger Bedeutung. Wenn zum Beispiel die Nachricht: „Sieh nach rechts und links, bevor du die Straße überquerst", im Langzeitgedächtnis verankert werden konnte, trägt dies ganz unmittelbar zum Überleben im Straßenverkehr bei.

Bei ADHS ist dieser wichtige Vorgang der Hemmung von unwichtigen Daten gestört. Die Folgen sind: **mangelnde Konzentration, hohe Ablenkbarkeit, Vergesslichkeit**. ADHS ist nicht in der Lebensgeschichte der betroffenen Menschen begründet, sondern basiert auf biologischen Faktoren.

ADHS beruht auf chemischen Veränderungen in der Neurobiologie des Hirns.

Die Bedeutung der Neurotransmitter für die Wahrnehmung

Neurotransmitter leiten Informationen (Reize) von einer Nervenzelle zur nächsten weiter. Die ADHS zugeordnete Störung im Frontalhirn geht auf einen Mangel oder eine verringerte Wirkung der Neurotransmitter Dopamin und Noradrenalin zurück. Noradrenalin ist das „Arbeitspferd" für Aufmerksamkeit, Dopamin steuert Antrieb und Motivation. Bei einem Mangel dieser Botenstoffe ist die Konzentration auf eine Aufgabe oder Tätigkeit gestört. Zusätzlich kann das Gehirn von Menschen mit ADHS die weniger wichtigen inneren und äußeren Impulse und Reize schlecht „aussieben" und unterdrücken. So kann es zu einem Übermaß an Reizen kommen. Diese Reizüberflutung kann sich in den typischen Symptomen von leichter Ablenkbarkeit und erhöhter Unruhe zeigen. Der Neurotransmitter Serotonin steuert die Impulsivität und die Angemessenheit des Verhaltens. Ist die Reizweiterleitung mit Hilfe von Serotonin gestört, kommt es bei den Betroffenen möglicherweise zu einer erhöhten Impulsivität, einer niedrigen Frustrationstoleranz, Stimmungsschwankungen und schlechter Anpassung des Verhaltens an die jeweiligen Gegebenheiten. Spezielle Untersuchungen wiesen bei ADHS eine verminderte Aktivität im Frontalhirn (Stirnhirn) nach. In dieser Region wird weniger Glukose (Zucker) umgesetzt und damit weniger Energie für diesen Hirnabschnitt bereitgestellt. In bestimmten Hirnarealen konnte eine Mangeldurchblutung nachgewiesen werden. Neuere Forschungen wiesen auch ein geringfügig kleineres Gehirnvolumen bei ADHS-Kindern nach. Letzteres muss aber keine Auswirkung auf die Leistungsfähigkeit des Hirns haben. Betrachten wir die Auswirkungen der neurologischen Veränderungen bei ADHS auf die Arbeit der Neurotransmitter genauer:

Die schlechte Wahrnehmung und Verarbeitung von Reizen

Außenreize werden überwiegend schlecht wahrgenommen und ungenügend verarbeitet. Sinneswahrnehmungen sind „unscharf" oder werden im Ultrakurzzeitgedächtnis sofort gelöscht. Die Folgen: Lernstörungen, Gedächtnislücken. Manche Erfahrungen erreichen das Langzeitgedächtnis nicht. Sie werden nicht verinnerlicht. Unruhe und Konzentrationsstörungen treten auf.

Die ungenügende Filterung von Reizen

Die schlechte Filterung von Reizen bedingt eine Reizüberflutung. Unwichtige Außenreize werden nicht ausreichend gehemmt. Alles erscheint gleich wichtig. Die unwichtigen Informationen können die wichtigen überlagern. Mögliche Folgen: Vergesslichkeit, Erschöpfung, Konzentrationsmangel.

Die ungenügende Hemmung (Unterdrückung) von Reizen und Impulsen

Hunger, Durst, Bewegungsdrang, Unlust, Müdigkeit und unterschiedliche Handlungsimpulse werden bei ADHS nicht in ausreichendem Maße unterdrückt. Dadurch kommt es zu einer erhöhten Impulsivität und Spontaneität. Typische Merkmale sind hohe Begeisterungsfähigkeit, schnelle Reaktionen, unüberlegtes Handeln, rasch wechselnde Gefühle, Bewegungsdrang, ungenügendes Reflektieren und Abwägen.

Weitere mögliche Folgen im seelischen Bereich können sein: emotionale Störungen, seelische Behinderungen, Depressionen. Mögliche positive Konsequenzen sind Kreativität, intuitives Verstehen, Mut zum Finden von ungewöhnlichen Lösungen.

Auf den Punkt gebracht: die neurobiologische Störung

- ADHS wird durch eine Störung der neurobiologischen Funktionen des Hirns hervorgerufen. Botenstoffe werden zu schnell abgebaut und wirken schlechter. Eine Störung in der Filterung und Hemmung von unwichtigen Reizen und Impulsen führt zu einer „Reizfilterschwäche". Dadurch wird der Vorgang der Konzentration auf wichtige Reize behindert.
- In einigen Bereichen des Gehirns besteht eine Mangeldurchblutung. Wichtige Hirnabschnitte erhalten weniger Glukose. Es kommt zu einem Energiemangel in den Nervenzellen.
- Kinder mit ADHS haben ein etwas geringeres Hirnvolumen als die vergleichbare Altersgruppe ohne ADHS.

Ererbt und nicht erworben

Warum werden wichtige Neurotransmitter in ihrer normalen Funktion behindert? Diese Frage ist noch nicht ausreichend geklärt. Nach dem heutigen Stand der Wissenschaft liegt der Grund für die Funktionsveränderungen der Neurotransmitter in bestimmten Hirnabschnitten in den Genen. Demnach ist ADHS eine meist genetische bedingte neurobiologische Störung. Dies wurde durch eine Vielzahl von Studien – auch mit Zwillingsgeschwistern und Adoptivkindern – belegt. ADHS begleitet den betroffenen Menschen ein Leben lang. Die Störung ist also vom Beginn des Lebens an vorhanden und wächst sich nicht aus. Die daraus entstehenden Probleme können nicht durch mehr Selbstdisziplin und Kontrolle beseitigt werden. Bei ADHS-Betroffenen tickt die biologische Uhr anders! Bleibt ADHS unerkannt und damit unbehandelt, kommt es meist zu schlechteren Schulabschlüssen und dazu, dass Berufe gewählt werden, die nicht den eigentlichen Fähigkeiten entsprechen. Menschen mit ADHS müssen in allen Lebensaltern und Lebensbereichen mit Schwierigkeiten rechnen. Leistungsstörungen im Beruf, Beziehungsstörungen in der Partnerschaft, der Familie und im Freundeskreis bedingen die Ausbildung von Begleiterkrankungen (Komorbiditäten). Schon im Kindesalter können z. B. Depressionen, Schlafstörungen und Angsterkrankungen auftreten.

ADHS ist eine ererbte, immer behandlungsbedürftige Krankheit mit chronischem Verlauf. Ungünstige familiäre und soziale Bedingungen lösen bei Kindern und Erwachsenen niemals ein ADHS aus, denn dieses ist bereits seit der Geburt vorhanden. Fehlendes Verständnis für die Schwierigkeiten von Menschen mit ADHS, mangelnde Erziehung und Förderung im Kindesalter und vor allem fehlende medizinische und medikamentöse Therapie sind von weitreichender Bedeutung für die Stärke der Ausprägung eines ADHS und für den chronischen Verlauf.

Begleiterkrankungen bei ADHS

Was versteht man unter dem Begriff „Komorbidität"? Von Komorbidität spricht man, wenn eigenständige Krankheits- oder Störungsbilder gleichzeitig mit einer anderen Erkrankung auftreten. ADHS haben wir in den vorangegangenen Kapiteln als eine eigenständige, chronisch verlaufende Erkrankung kennen gelernt.

Da ADHS durch Beeinträchtigungen in allen Lebensbereichen gekennzeichnet ist, sind psychische Erkrankungen eine häufige Begleiterscheinung. Die seelischen Erkrankungen überlagern häufig die ADHS-Symptome – und verschleiern sie so. Deshalb werden ADHS-Patienten oft nicht als solche erkannt. Die seelische Erkrankung steht im Vordergrund und wird ausschließlich behandelt. Das ADHS wird nicht gesehen und deshalb nicht therapiert. Das heißt, die Grundstörung bleibt unbehandelt! Dies erklärt den oft unbefriedigenden Verlauf einer psychotherapeutischen Behandlung bei Patienten mit unbehandeltem ADHS.

Psychotherapeutische und medizinische Behandlung des zugrunde liegenden ADHS bringen in den meisten Fällen nur *gemeinsam* den gewünschten Erfolg!

Komorbiditäten bei Erwachsenen mit ADHS können sein:
- häufige Stimmungswechsel (mehrmals am Tag),
- lang anhaltende Depressionen,
- Angststörungen, Phobien, Zwänge,
- Leistungs- und Lernstörungen,
- Suchterkrankungen (Alkohol, Drogen, Nikotin, Tabletten),
- Ein- und Durchschlafstörungen,
- Störungen des Sozialverhaltens (Streitereien, Gewalt, Lügen, Kriminalität, …),
- Sprachstörungen (Stottern),
- Störungen in der Entwicklung der Persönlichkeit (geringe Selbstakzeptanz, kaum Selbstvertrauen, übertriebenes Demonstrieren von Stärke oder Schwächen, übermäßige Selbstkontrolle, geringe Alltagskompetenz),
- motorische Störungen (Gleichgewicht, Grob- und Feinmotorik, Unterscheiden von rechts und links, schlechte Schrift, schlecht ausgebildetes Gefühl für Rhythmus und Takt),
- Asthma,
- Allergien.

Bei Kindern treten ebenfalls Kombobiditäten auf:
- Frühkindliche Entwicklungsstörungen,
- Lern- und Leistungsstörungen,
- Sprachstörungen (schlechte Grammatik, Stottern),
- Störungen in der Grob- und Feinmotorik,
- visuelle Teilleistungsstörung (schlechte Verarbeitung des Gesehenen),
- auditive Teilleistungsstörung (schlechte Verarbeitung des Gehörten),
- Störungen des Sozialverhaltens (kein Unrechtsbewusstsein, Lügen, Stehlen, totale Selbstbezogenheit …),
- Verstimmungen, Stimmungsschwankungen, Depressionen,
- Angststörungen („Klammern"; besondere Furcht vor Dunkelheit, Naturgewalten, anderen Menschen, Tieren …),
- Zwangsstörungen (Einnässen, Tics, Essstörungen, Waschzwang, stundenlanges Hüpfen, Schaukeln …),
- Phobien (Angst vor engen geschlossenen Räumen, Menschenansammlungen, großen Plätzen, Spinnen, Mäusen …).

Auf den Punkt gebracht:
genetisch bedingt und chronisch verlaufend

- Die Hirnfunktionsstörung ADHS ist eine genetisch bedingte neurobiologische Störung.
- Mit ADHS wird man geboren – die Störung bleibt lebenslang. Jede Generation gibt sie an die folgende weiter.
- ADHS ist eine chronische Störung und nach heutigem Wissenstand nicht heilbar – aber erfolgreich behandelbar.
- ADHS-Symptome werden oft durch die Symptome von Begleiterkrankungen überdeckt.
- Nur die medizinische Behandlung der Hirnfunktionsstörung plus mehrgleisige Behandlung der Komorbiditäten bringt Erfolg.
- Hilfen im Alltag und Verständnis statt Verurteilung sind für ADHS-Patienten sehr wichtig.

- Ein erheblicher Teil der ADHS-Kinder wächst zu Menschen heran, die effektive Hilfen bis weit in das Erwachsenenalter benötigen.
- ADHS hat zahlreiche Auswirkungen auf das seelische Erleben, deshalb sind psychische Erkrankungen oftmals mit ADHS verknüpft.

Therapieschema bei ADHS

Die erfolgreichste Behandlung des ADHS ist immer eine Behandlung von mehreren Ansatzpunkten aus (multimodales Behandlungskonzept).

Voraussetzung ist die Behebung der neurologischen Störung durch:

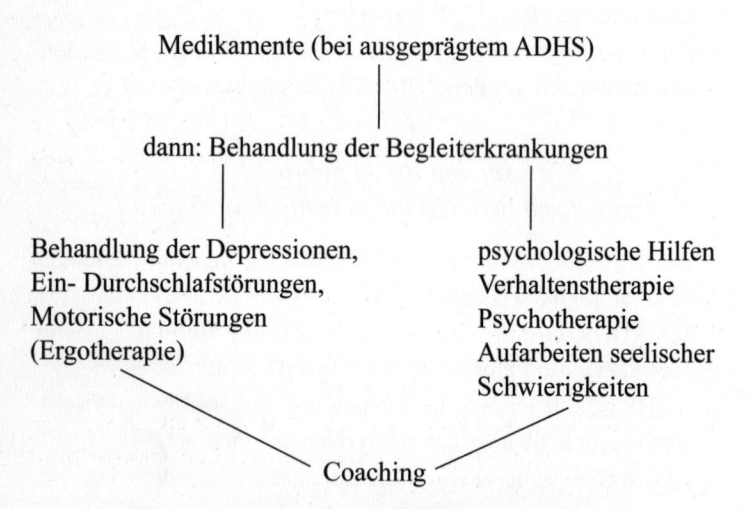

Medikamente (bei ausgeprägtem ADHS)

dann: Behandlung der Begleiterkrankungen

Behandlung der Depressionen,
Ein- Durchschlafstörungen,
Motorische Störungen
(Ergotherapie)

psychologische Hilfen
Verhaltenstherapie
Psychotherapie
Aufarbeiten seelischer
Schwierigkeiten

Coaching

Hilfen im Alltag durch verständnisvolle Personen,
z. B. Pläne, Kontrollmechanismen,
Einüben von mehr Alltagskompetenz.

Internationale Definitionen bilden die Richtschnur bei der Diagnostik

Die Diagnosekriterien

ADHS ist – wie die meisten anderen menschlichen Erkrankungen auch – überall auf dem Globus anzutreffen. ADHS ist international, also nicht kulturabhängig, was ein weiterer Hinweis auf eine rein biologische Disposition dieser Erkrankung ist. Wie alle Erkrankungen ist auch ADHS international definiert. Die Diagnosekriterien bestimmen drei Leitsymptome: Unaufmerksamkeit, Impulsivität, Hyperaktivität.

Obgleich der chronische Verlauf der Störung bekannt ist, sind noch keine Diagnosekriterien für Erwachsene definiert worden. Deshalb lesen Sie hier nur Diagnosekriterien für Kinder. Da diese – mit geringen Ausnahmen – ebenso auf das Erwachsenenalter zutreffen, können wir sie weitgehend auf Erwachsene übertragen. Dabei ist zu beachten, dass die drei Leitsymptome Unaufmerksamkeit, Impulsivität und Hyperaktivität bei Erwachsenen im Bereich der Hyperaktivität verändert sind. Motorische Unruhe ist beim Erwachsenen häufig nur noch an den Füßen oder schnellen Fingerbewegungen zu sehen. Die motorische Unruhe hat sich meist in ein quälendes Gefühl von innerer Unruhe gewandelt. Diese Umkehr von motorischer Unruhe zu innerer Unruhe vollzieht sich oft sehr früh, manchmal zu Beginn oder während der Pubertät. Das Kernsymptom, die Aufmerksamkeitsstörung, bliebt bestehen.

Die Diagnosekriterien: eine Aussage darüber, ob und in welcher Ausprägung (leicht – mittel/schwer) der drei Leitsymptome ein Aufmerksamkeitsdefizitsyndrom vorliegt.

International sind sie eindeutig in zwei verschiedenen Katalogen definiert und verifiziert: der International Classification of Disease, abgekürzt ICD 10 der Weltgesundheitsorganisation (WHO) und dem Diagnostic and Statistic Manual, abgekürzt DSM IV. Die drei Leitsymptome müssen nicht alle gemeinsam auftreten. Es kann jeweils ein Typus überwiegen und das Störungsbild charakterisieren. Der vorwiegend hyperaktiv-impulsive Typ ist aufgrund seines auffälligen Verhaltens meist leichter zu erkennen als der vorwiegend unaufmerksame Typ, der keine Anzeichen hyperaktiven Verhaltens zeigen muss, deshalb zwar unauffällig, aber geistig abwesend ist. Es kann auch ein Mischtyp aus beiden Bereichen des Störungsbild bestimmen. Alle drei Typen gehören jedoch zu demselben Aufmerksamkeits-Defizit-Syndrom.

Der hyperaktiv-impulsive Typ findet sich sehr viel häufiger bei Jungen und Männern. Mädchen und Frauen sind wahrscheinlich von ADHS nicht seltener betroffen. Da sie jedoch viel häufiger unter der Ausprägung „unaufmerksamer Typ ohne Hyperaktivität" („Träumer-ADHS") leiden, fallen sie weniger auf. Dies hat zur Folge, dass Mädchen mit der „ruhigen" Aufmerksamkeitsstörung viel seltener diagnostiziert und daher in der Regel viel zu spät – oder gar nicht – therapiert werden.

Die Verhaltensstörungen können in den verschiedensten Lebenssituationen auftreten. Zum Beispiel zu Hause, bei der Ausbildung, am Arbeitsplatz, in der Freizeit, bei Sport und Geselligkeit.

Die Diagnoseschlüssel

Diagnoseschlüssel ICD 10 (WHO)

F 90.9 Einfache Aktivitäts- und Aufmerksamkeitsstörung
F 90.1 Hyperkinetische Störung des Sozialverhaltens
F 90.0 Nicht näher bezeichnete hyperkinetische Störung
F 90.4 Überaktive Störung mit Intelligenzminderung und Bewegungsstereotypien
F 98.9 Aufmerksamkeitsstörung ohne Hyperaktivität

Diagnoseschlüssel DSM IV

Diagnose nach DMS-IV: Aufmerksamkeitsdefizit-/Hyperaktivitätsstörung (ADHS):
F 90.0 ADHS-Mischtyp
F 98.9 ADHS-vorherrschend unaufmerksamer Typ

F 90.0 ADHS-vorherrschend hyperaktiv-impulsiver Typ
F 90.0 Nicht näher bezeichnete ADHS

Bei allen Typen von ADHS ist das Hauptsymptom die Störung der Aufmerksamkeit.

Die Leitsymptome einzeln betrachtet

Dem Symptom *Unaufmerksamkeit* lassen sich folgende Betrachtungskriterien unterordnen: Das Kind / der Jugendliche / der Erwachsene
– beachtet häufig Einzelheiten nicht oder macht Flüchtigkeitsfehler bei verschiedenen Tätigkeiten;
– hat oft Schwierigkeiten, längere Zeit die Aufmerksamkeit bei Arbeit und Spiel aufrechtzuerhalten;
– scheint häufig nicht zuzuhören, wenn andere es / ihn ansprechen;
– führt häufig Aufträge anderer nicht vollständig durch und kann Arbeiten und Aufgaben nicht zu Ende bringen;
– hat häufig Schwierigkeiten, Aufgaben und Arbeiten zu organisieren;
– vermeidet häufig oder hat eine Abneigung gegen Aufgaben, die eine längerdauernde geistige Anstrengung erfordern;
– verliert oder vergisst häufig Gegenstände, die für bestimmte Aufgaben oder Aktivitäten benötigt werden;
– lässt sich von äußeren Reizen ablenken;
– ist bei Alltagstätigkeiten häufig vergesslich.

Besonders bei Erwachsenen fallen auf:
– Ruhelosigkeit und Unaufmerksamkeit / Ablenkbarkeit;
– störendes Verhalten; Unfähigkeit, sich an Regeln zu halten;
– sehr gering ausgeprägte Fähigkeit zur Introspektion / Selbstbeobachtung;
– sie wirken „unkooperativ", scheinen Dinge auf ihre Art machen zu wollen;
– die Schuld für Fehlverhalten wird meist bei anderen gesucht;

- es besteht ein deutlicher Leidensdruck;
- die berufliche und soziale Leistungsfähigkeit ist eingeschränkt;
- der Beginn der Verhaltensauffälligkeiten liegt in der Kindheit/Jugend;
- das auffällige Verhalten ist andauernd und gleichförmig und beschränkt sich nicht auf einzelne Episoden.

Das Symptom *Hyperaktivität* lässt sich mit Hilfe von fünf Beobachtungskriterien beschreiben:

Das Kind/der Jugendliche
- zappelt häufig mit Händen und/oder Füßen und rutscht auf dem Stuhl hin und her;
- steht häufig im Unterricht oder anderen Situationen auf, in denen Sitzenbleiben erwartet wird;
- hat häufig Schwierigkeiten, ruhig zu spielen oder sich mit Freizeitaktivitäten ruhig zu beschäftigen;
- ist häufig „auf Achse" oder handelt so, als ob es/er „getrieben" wäre;
- zeigt oft exzessive motorische Aktivität, die durch verbale Aufforderungen nicht beeinflussbar ist.

Der Erwachsene
- scheint Schriftliches nur oberflächlich zu lesen, zeigt besondere Ungeduld;
- sucht die Schuld für Probleme eher bei anderen;
- hat Schwierigkeiten, Aufgaben durchzuhalten;
- zeigt unvorhersehbare, sehr rapide Stimmungswechsel, Zornausbrüche.

Der Erwachsene zeigt nur noch Reste der ehemaligen motorischen Unruhe, dafür besteht meist
- innere Unruhe;
- impulsives Verhalten ohne Beachtung der Konsequenzen.
- Das eigene Selbstbild, Ziele und Lebensplan sind unklar.

Zum Symptom *Impulsivität* gehören vier Kriterien.
Das Kind/der Jugendliche/der Erwachsene
– unterbricht oder stört andere häufig;
– platzt häufig mit der Antwort heraus, bevor die Frage zu Ende gestellt ist;
– kann oft nur schwer warten, bis es/er an der Reihe ist ;
– redet häufig übermäßig viel;
– zeigt heftige, schnell wechselnde Gefühlsreaktionen;
– ist vergesslich und unzuverlässig (z.B. bei Terminabsprachen).

Der Erwachsene hat gelernt, die beschriebenen Schwierigkeiten zu meiden. Es sind Restsymptome vorhanden:
– Das Verhalten ist in vielen persönlichen und sozialen Situationen unpassend;
– seine Beziehungen zu anderen sind intensiv, aber unbeständig.
– Darüber hinaus besteht häufig eine Neigung zu Depressionen.

Um das ADHS bei Kindern diagnostizieren zu können, muss das auffällige Verhalten bereits vor dem 7. Lebensjahr (bei Jungen – bei Mädchen oft ab Pubertät oder später) aufgetreten sein und länger als sechs Monate andauern. Ein Kriterium gilt allerdings nur dann als erfüllt, wenn die Verhaltensweisen um einiges häufiger zu beobachten sind, als dies bei den meisten Kindern im gleichen Entwicklungsalter der Fall ist. Von den Diagnosekriterien müssen jeweils zwei Drittel zutreffen.

Die Diagnostik bei Erwachsenen

ADHS ist äußerlich nicht sichtbar und kann nicht durch eine apparative Untersuchung nachgewiesen werden. Daher kann die Diagnostik schwierig sein. Bei ADHS handelt es sich immer um eine so genannte symptomatische Diagnose, das heißt, sie wird nur klinisch anhand der beschriebenen oder selbst beobachteten Symptome gestellt. Es gibt keine objektiven Testverfahren (medizinisch, psychologisch oder apparativ), mit deren Hilfe eine völlig zweifelsfreie Diagnose möglich wäre. Umso wichtiger ist es, sorgfältig alle zur Verfügung stehenden Daten zu erheben. Dies geschieht am besten durch eine enge Zusammenarbeit der behandelnden Ärzte verschiedener Fachrichtungen.

Die exakte Diagnose ist sehr zeitaufwändig und kann mehrere Stunden (Termine) in Anspruch nehmen. Neben der Anamnese, der biografischen Lebensbeschreibung, speziellen Tests (Aufmerksamkeit, Konzentrationsfähigkeit, Intelligenz) sind Berichte von Freunden, vom Lebenspartner, den Eltern und Geschwistern relevant. Schulzeugnisse geben Auskunft über mögliche Auffälligkeiten in den Kinderjahren.

- Wichtig ist, dass die Symptome der ADHS in einer den normalen Lebensvollzug behinderten Stärke den Alltag dominieren;
- einen deutlichen Leidensdruck verursachen;
- in mehreren Lebensbereichen auftreten und schon sehr lange andauern.

Die Diagnoseschritte im Einzelnen

Die Vorgeschichte und Lebensumstände

Das ausführliche Gespräch zur Erhebung der Vorgeschichte des Patienten dient der:
- Erstellung der Lebensbiografie,
- Feststellung der Wünsche und Vorstellungen des Patienten hinsichtlich einer Behandlung,
- Feststellung des persönlichen Leidensdrucks,
- Feststellung der Behinderungen der Alltagskompetenz,
- Feststellung der Bereitschaft des Patienten, an persönlichen Veränderungen mitzuwirken,
- Feststellung der Maßnahmen, die der Patient bis jetzt zur Selbsthilfe eingesetzt hat,
- Feststellung der Vorbehandlungen durch andere Therapeuten (Arztbriefe, Befunde, Klinikberichte),

- Feststellung der eventuell vorhandenen anderen Erkrankungen des Patienten und deren Behandlung,
- Feststellung, ob andere Personen in der Blutsverwandtschaft ähnliche Schwierigkeiten haben (Eltern, Großeltern, Geschwister, eigene Kinder).

Die **Lebensbiografie** erfragt im Besonderen: die seelische Befindlichkeit und Belastbarkeit, das Selbstwertgefühl, das soziale Leben und die Beziehungen, das Arbeitsverhalten, den Beruf und die Berufsbewältigung, die Lebenszufriedenheit, die persönliche Entwicklung seit der frühen Kindheit, die Schullaufbahn, ggf. Studium, Beruf (Verhalten im Kindergarten und Schule wird abgefragt, Schulzeugnisse werden eingesehen).

Als **wissenschaftliche Fragebögen** können zum Beispiel eingesetzt werden:
Zum Verhalten in der Kindheit und Jugend: Wender Utah Rating Scale (WURS);
zur Selbstbeurteilung: Brown Adult-ADD-Scale;
zur Fremdbeurteilung durch die Eltern, Partner oder eine andere nahe stehende Person: Brown Adult-ADD-Scale;
zur Selbstbeurteilung: Conners Adult Rating Scale;
zur Fremdbeurteilung: Conners Adult Rating Scale.

Es stehen noch eine Reihe von anderen Fragebögen zum ADHS zur Verfügung, die leider überwiegend nicht wissenschaftlich überprüft und auswertbar sind, aber zur Selbsteinschätzung hilfreich sein können.

Psychologische Testverfahren

Bei Bedarf kann ein Intelligenztest sinnvoll sein, ebenso zusätzliche Leistungstestverfahren. Konzentrationstests sind zum Beispiel: D 2-Test, KVT, Zahlennachsprechen nach HAWIE (Hamburg-Wechsler-Intelligenztest für Erwachsene).

Verhaltensbeobachtung

Verhaltensbeobachtung während der Untersuchungssituation, eventuell videounterstützt.

Internistische und neurologische Untersuchungen

Bei Bedarf neurologische und internistische Untersuchung zum Ausschluss anderer Erkrankungen.

Komorbiditäten

Erfassung der möglichen Begleiterkrankungen. Bei gravierenden Teilleistungsstörungen wird die entsprechende Therapie eingeleitet.

Therapieplan

Wenn die Diagnose ADHS bestätigt werden konnte:
a) Entwicklung eines umfassenden, individuellen Therapieplans,
b) regelmäßige Kontrollen des behandelnden Arztes,
c) Zuweisung an eine Selbsthilfegruppe, die informierend, beratend und betreuend wirken kann.

Auf den Punkt gebracht: Die Diagnostik ist umfassend

- Nach den Kriterien der beiden diagnostischen Manuale DSM IV und ICD 10 wird die Aufmerksamkeits-Defizit-Störung in drei Typen (Erscheinungsformen) eingeteilt:
  - der aufmerksamkeitsgestörte hyperaktive-impulsive Typ (Zappelphilipp);
  - der vorherrschend unaufmerksame Typ (Träumer);
  - der Mischtyp, der die Merkmale beider oben genannter Typen vereinigt.
- Das Grundsymptom **Aufmerksamkeitsstörung** ist bei allen Formen der ADHS vorhanden.
- Die Diagnose ADHS muss von anderen Erkrankungen, die ähnliche Schwierigkeiten verursachen, abgegrenzt werden.
- Die Diagnostik ist umfassend. Die Diagnosekriterien sollten erfüllt sein. Die **Ausschlussdiagnostik** begrenzt die Gefahr

der Verwechselung mit Krankheiten mit ähnlichen Merkmalen.
- Es gibt noch keine objektiven Untersuchungsverfahren, die eine zweifelsfreie Diagnose möglich machen.

Löwenmutter oder Träumerin, Dschungelkämpfer oder einsamer Wolf: Wie ADHS sich bei Frauen und Männern äußert

ADHS bei Frauen

Erwachsene Frauen mit ADHS können rastlose Menschen sein: Sie lieben schnelles Autofahren und besteigen mit Lust die Achterbahn. Tausend Gedanken wirbeln in ihrem Kopf. Sie erfinden hervorragende Pläne und haben große Visionen. Leider gelingt es ihnen nicht, diese auch in die Tat umzusetzen. Langsame Zeitgenossen bringen sie schnell zur Verzweiflung, deshalb verzichten sie auf deren Hilfe. Sie können es ja sowieso schneller – Power und Hektik lassen sie so richtig aufblühen.

Frauen mit ADHS tanzen gerne auf allen Hochzeiten, bringen es aber kaum fertig, ihren Alltag zu organisieren. Routine ist die reinste Qual! Im Beruf staunen die Kollegen manchmal über hervorragende Leistungen. (Besonders wenn die Aufgaben abwechslungsreich, neu und interessant sind!) Dann wieder scheitern die Frauen an einfachsten Aufgaben. Ihr Tag beginnt in der Regel mit einer Katastrophe. Das Aufstehen am Morgen fällt ihnen sehr schwer. Damit sie rechtzeitig aus dem Haus kommen, haben sie ausgeklügelte Rituale und Kontrollen entwickelt. Wird deren Ablauf gestört, geraten sie in Zorn und Panik. Wieder einmal ist der Autoschlüssel nicht auffindbar, die Hose nicht aus der Reinigung geholt, die Müslitüte leer und natürlich kommen sie wieder zu spät. Peinlich, dabei hatten sie sich doch fest vorgenommen, pünktlich zu sein.

Misserfolge nagen am Selbstwertgefühl der ADHS-Frau – war sie nicht schon als Schülerin eine Chaotin? Ihre Umgebung hält sie für unordentlich, faul, unbelehrbar oder psychisch krank.

Während bei Jungen und Männern der Verlauf und die Erscheinungsweisen von ADHS sehr gut untersucht und dokumentiert sind, besteht bei Mädchen und Frauen noch erheblicher Klärungsbedarf. Sicher ist, dass beim weiblichen Geschlecht das Syndrom in der überwiegenden Zahl der Fälle deutlich anders verläuft als beim männlichen. Während Jungen und Männer hauptsächlich den hyperaktiv-impulsiven ADHS-Typus leben, sind Frauen viel häufiger vom hauptsächlich unaufmerksamen ADHS-Typus betroffen.

Das weibliche „Träumer-ADHS"

In der Kindheit und der Schule fallen Mädchen mit diesem Typus sehr selten störend auf. Sie entwickeln keine motorische Unruhe, träumen viel und bekommen vom Unterricht nicht allzu viel mit. Sie können sich gut anpassen, sind aber oft extrem langsam. Ihre schulischen Leistungen leiden unter der Aufmerksamkeitsschwäche und Vergesslichkeit.

Durch die gute Anpassungsfähigkeit fallen die Symptome des Konzentrationsmangels oft erst spät auf. Die Probleme in der Ausbildung, dem Studium oder dem Beruf treten verzögert auf. Deshalb werden sie nicht mehr mit den Auswirkungen eines möglichen ADHS in der Kindheit in Verbindung gebracht. Dies erklärt, warum Mädchen und Frauen noch immer viel zu selten entsprechend untersucht und diagnostiziert werden.

Gesundheitliche Beeinträchtigungen

Junge Mädchen und Frauen entwickeln häufig ein heftiges „Prämenstruelles Syndrom" und/oder eine regelabhängige Migräne. Ein irritables Kolon (Reizdarm) mit heftig auftretenden Bauchkrämpfen kann das Leben schmerzvoll und schwierig machen. Stimmungsschwankungen bis hin zu depressiven Verstimmungsphasen spielen eine große Rolle. Besonders erwachsene Frauen klagen über ein ständiges Gefühl von unerklärlicher, dauernder Erschöpfung und fühlen sich auch nach ausreichendem Schlaf nicht erholt. Die Behandlung verlief in der Regel ohne den gewünschten Erfolg.

Jeder ADHS-Mensch erlebt die Störung anders

So vielfältig und unterschiedlich ausgeprägt sich die Störung bei jedem Menschen zeigt, so individuell verschieden ist auch ihr Verlauf. Den motorisch unruhigen, impulsiven und aufmerksamkeitsgestörten ADHS-Typus sehen wir natürlich auch bei Mädchen. Der Verlauf ist bis zur Pubertät ähnlich wie bei Jungen. Mit Erreichen der Pubertät fällt eine abrupte Veränderung auf: Aus dem extrem unruhigen Mädchen wird plötzlich ein extrem ruhiger Teenager. Die Aufmerksamkeitsschwäche bleibt bestehen, nur motorische Unruhe und Impulsivität verändern sich.

Man vermutet, dass ADHS bei Frauen östrogenabhängig ist, da die typischen Symptome mit besonderer Heftigkeit oft erst in der Pubertät auftreten. In der Therapie muss darauf Rücksicht genommen werden, in dem z. B. eine Kombination von Östrogenen („Pille"), Serotonin-Wiederaufnahmehemmer sowie Methylphenidat eingesetzt wird.

Engagement und Einsatzfreude

So schwierig sich die Bewältigung des Alltags für Frauen auch zeigen mag, es darf nicht vergessen werden, zu welch erstaunlichen Leistungen Frauen mit ADHS trotz ihrer neurologischen Beeinträchtigung in der Lage sind. Ein ausgeprägtes soziales Bewusstsein und der Wunsch, sich helfend einzubringen, zeichnet viele von ihnen aus.

Ordnung und Organisation

Während im Beruf durch extremes Kontrollverhalten und – unter Umständen – förderndes Interesse ausreichende bis sehr gute Ergebnisse erzielt werden können, bricht dieses erzwungene Regelverhalten im privaten Bereich meist zusammen. Dann können die eigenen Angelegenheiten nur noch mit äußerster Anstrengung erledigt werden. Das chaotische Ordnungsverhalten wird manches Mal von den Frauen nicht wahrgenommen. Die Folgen sind aber extrem quälend. Frauen mit ADHS verbrauchen den größten Teil ihrer Zeit und Energie mit dem Aufspüren von verlegten Dingen und der Bewältigung der daraus resultierenden Verstimmungen.

Eine nicht unerhebliche Zahl von ADHS-Frauen entwickelt Eigenschaften der so genannten „Messies"*: Zu chaotischem Ordnungsverhalten tritt noch die Unfähigkeit, sich nicht von unwichtigen Dingen trennen zu können. Unterscheidungen – was ist wichtig, was unwichtig? – können nicht mehr getroffen werden. Alles erscheint gleichbedeutend. Es entwickelt sich ein enormer Leidensdruck. Bedingt durch Scham und Schuldgefühl besteht die Gefahr der sozialen Ausgrenzung, da wegen des Chaos niemand außer der Familie mehr die Wohnung betreten darf.

Schließlich kann der Alltag kaum mehr ohne Hilfe bewältigt werden. Vergesslichkeit und Unorganisiertheit charakterisieren das weibliche Verhalten vor allem im privaten Bereich. Fast jede Frau mit ADHS klagt über Schlafstörungen und Depressionen. Diese haben häufig schon im Kindes- oder Jugendalter begonnen. Psychologische Therapien *ohne* ergänzende medikamentöse Behandlung des ADHS bleiben meist ohne ausreichenden Erfolg.

Soziale Fähigkeiten und Engagement

Da ADHS vererbt wird, ist die Wahrscheinlichkeit hoch, dass Frauen mit der Störung Kinder bekommen, die ebenfalls davon betroffen sind. Wenn dies der Fall ist, dann bringen sie ihre ganze Emotionalität, Kreativität und Durchsetzungskraft ein, um dem Nachwuchs über die Klippen zu helfen. In Selbsthilfeorganisationen arbeiten viele mit großem Engagement für eine bessere Förderung von Menschen mit ADHS. Mit Begeisterung erbringen sie ehrenamtlich viele Arbeitsstunden. Da man sich mit ADHS kurzzeitig sehr wohl besonders intensiv konzentrieren kann, empfinden sie diese Art von Superkonzentration als besonders wohltuend. Sie tun damit sich selbst und anderen etwas Gutes. Wenn sich Frauen mit ADHS akzeptiert, geschätzt und anerkannt fühlen, sind sie hoch motiviert und stimuliert und zeigen

---

* Von engl. „mess", „Unordnung" abgeleitet, bezeichnet Menschen mit extremer Desorganisation, Sammelzwang, Entscheidungsschwäche, Aufschieben von Erledigungen. Man überlegt, ob „Messies" eine Sonderform von ADHS repräsentieren.

einen grenzenlosen Einsatz und Hilfsbereitschaft. Sie gehen dann bis an ihre Leistungsgrenze und manchmal darüber hinaus.

Eines der Kernsymptome von ADHS, die Impulsivität, bringt Frauen besonders dann, wenn sie sich im sozialen Bereich einbringen, besondere Vorteile. Ihre hohe Begeisterungsfähigkeit, gepaart mit Lebendigkeit und Einfallsreichtum, vermag andere Menschen aufzumuntern und mitzureißen.

Wenn Begeisterung, Idealismus und hohes Interesse die berufliche Arbeit begleiten, werden manchmal außergewöhnliche Ergebnisse erzielt. Gleichzeitig bilden Interesse, Begeisterung und eigene Wertschätzung ein äußerst wirksames Stimulans. Die so oft beklagte Müdigkeit und bleierne Erschöpfung treten dahinter zurück.

Gleichwohl darf nicht vergessen werden, dass das ADHS mit den Kernsymptomen von Aufmerksamkeitsstörung, innerer Unruhe und erhöhter Impulsivität weiter besteht und einen schnellen Absturz von Höhenflügen verursachen kann.

Heftige Gefühle

Die Wechselhaftigkeit im Verhalten von ADHS-betroffenen Frauen fällt immer wieder auf. So erscheinen sie uns auch im fortgeschrittenen Alter manchmal als ewige Teenager. „Himmelhoch jauchzend, zu Tode betrübt" beschreiben viele als ihre „normale Seelenlage": Frauen mit ADHS sehen ihre Welt sozusagen ständig mit einem „Weitwinkelobjektiv": Alles wird wahrgenommen und im Spiegel des Gefühls reflektiert. Innerhalb eines Augenblickes kann die Stimmung umschlagen. Alle Gefühle werden intensiv und heftig wahrgenommen. Männer wie Frauen mit ADHS leben stark im „Hier und Jetzt"; ihre Empfindungen durchleben sie ungefiltert und mit allen Sinnen. Dies kann sowohl Bereicherung wie auch Belastung sein.

Frauen mit ADHS finden sich oft in Berufen wie Schauspielerin, Journalistin, aktive Leistungssportlerin, Moderatorin, in allen sozialen Berufen, die mit Menschen zu tun haben, im kreativ-künstlerischen Bereich, etwa als Webdesignerinnen, und vielem mehr.

Wenn das ADHS nicht allzu stark ausgeprägt ist und die betroffenen Frauen gleichzeitig eine gute kindliche Entwicklung in einem fördernden Umfeld durchlaufen konnten, werden sie im entsprechenden Arbeitsumfeld eine positive Wirkung auf andere ausüben. Frauen mit ADHS können in der oft männlich geprägten Berufswelt faszinierend und belebend wirken. Da sie nicht selten über eine hervorragende soziale Kompetenz verfügen, können sie auf die Unterstützung und Nachsicht ihrer Mitmenschen zählen.

Auf den Punkt gebracht: faszinierend und mit hohem Elan

- Bei Frauen sehen wir überwiegend ein ADHS vom **unaufmerksamen Typ** (ohne Hyperaktivität, aber mit gestörter Aufmerksamkeit).
- Östrogene können auf ein bestehendes ADHS verstärkt wirken. Typische Symptome sind:
  - ein heftiges prämenstruelles Syndrom,
  - regelabhängige Migräne,
  - extreme, anhaltende, unangemessene Erschöpfung,
  - Schlafstörungen,
  - Depressionen.
- Mädchen erleben ihre Schulzeit häufig angepasst. Aufmerksamkeitsschwäche, Träumerei, Vergesslichkeit und besondere Langsamkeit sind Hauptmerkmale.
- Mädchen und Frauen mit „ruhigem" ADHS erhalten viel zu selten eine Behandlung des ADHS.
- Die Verlangsamung bei „Träumer-ADHS" kann ihre Antriebsfähigkeit stark beeinträchtigen. Diese Mädchen und Frauen benötigen Aktivierung. Eine bessere Reaktionslage kann nur durch Medikamente (Stimulantien) erreicht werden.
- Mit dem ihnen eigenen, intuitiven Verständnis und ihrer besonderen Sensitivität können ADHS-betroffene Frauen vielen Menschen helfen. Ihre Begeisterungsfähigkeit, Kreativität und Idealismus lassen ihre Leistungen weit über das hinausgehen, was normalerweise von ihnen erwartet werden könnte.

ADHS bei Männern

Wie bei Frauen kann sich auch bei Männern das ADHS sehr unterschiedlich äußern. Nicht jeder Mann hat Probleme im Alltag oder Beruf. Junge Männer ergreifen oft Berufe, die ihren Bedürfnissen nach Abwechslung, Bewegung und immer wieder Neuem und Forderndem entsprechen. Sie können dann sehr erfolgreich arbeiten.

Das hyperaktive Verhalten in der Kindheit geht bei einigen Erwachsenen in Inaktivität über, die gepaart ist mit innerer Unruhe und Nervosität. Gleichförmige und uninteressante Tätigkeiten sind quälend – sie werden meist aufgeschoben.

Ungeduld bestimmt das Verhalten im Autoverkehr. Der ADHS-Mann fährt gerne rasant und nimmt dabei immer noch alle Einzelheiten am Rande der Straße wahr. Man gewinnt den Eindruck, als nähme seine Sicherheit auf der Straße mit der Geschwindigkeit zu. Blitzschnell reagiert er auf alle Gegebenheiten. Langsamfahrer reizen ihn zu impulsiven Äußerungen.

Wenn etwas neu und interessant ist, bringt sich der ADHS-Mann mit Emphase ein. Je nach Interessenlage und Motivation kann der Einsatz grenzenlos sein. Routinearbeiten bei mittlerem Aktivierungsniveau kann er nur unter größter Anstrengung und nur während eines kurzen Zeitraumes erledigen. Immer wieder hat er mit seinem hohen Anspruchsniveau und seiner Stimmungslabilität zu kämpfen. Weil er reizoffen und empfindlich ist, können schon nebensächliche Ereignisse einen plötzlichen Stimmungsumschwung auslösen. Dann lässt er sich zu Reaktionen hinreißen, die ihm hinterher Leid tun. Ungeduld und schnell aufschießende Emotionen sind bei den meisten ADHS-Männern ein Problem, dessen sie nur schwer Herr werden.

Unter den Berufskollegen haben ADHS-betroffene Männer manchmal begeisterte Mitstreiter – oder werden abgelehnt. Trotz eigener Unkonzentriertheit sind sie nicht selten Perfektionisten und tun sich mit dem Delegieren schwer. Es gibt wenig Mittelmaß für sie.

Im Team zu arbeiten bereitet Männern mit ADHS häufig Schwierigkeiten. Sie möchten gerne alles selbst bestimmen, Themen und Arbeitsabläufe festlegen und hören oft nicht zu. Sie kämpfen wie die Löwen für ein von ihnen entwickeltes Konzept und können nur schwer die Gedanken und Einwände anderer akzeptieren. ADHS-Männer sind in Berufen, in denen sie selbstständig und allein arbeiten können, zu besonderen Leistungen fähig, wenn sie sich die richtigen Bedingungen schaffen. Werden sie dort durch andere von langweiligen Routine- und Organisationsarbeiten entlastet, sind sie ein charmanter Chef und verständnisvoller Partner.

Auch Männer mit ADHS leben primär im Hier und Jetzt und reagieren spontan, ohne auf die Folgen zu achten.

Wie auch ADHS-Frauen sind Männer überaus empfindlich, wenn sie kritisiert werden. Nach vehementer Abwehr der Kritik sind sie verunsichert und haben Selbstzweifel. Je nach Temperamentslage und Partnerbeziehung neigen sie dazu, Schuld anderen zuzuweisen. Oft fühlen sie sich falsch verstanden und ziehen sich in noch intensivere berufliche Aktivität zurück.

Zum Beispiel Tim: Tim ist das letzte von fünf Kindern aus einer Arztfamilie. Bei seinem Vater und dem älteren Bruder wurde ADHS diagnostiziert. Durch Überengagement des Vaters im Beruf und Depression der Mutter bekommen die Kinder der Familie nur wenig Aufmerksamkeit. Tim wächst deshalb seit dem zehnten Lebensjahr in der Familie von Freunden auf. Hier kann er in einer extrem strukturierten und einschätzbaren Umgebung lernen, Grenzen zu respektieren. Die Ersatzeltern sind liebevoll und konsequent. Sie erkennen seine ausgeprägte Sensibilität und seine künstlerischen Neigungen.

Trotz der vielen Schwierigkeiten durch starkes Unruheverhalten und mangelnde Konzentration macht Tim ein gutes Abitur und studiert Medizin. Das Studium – mit der Aussicht auf spätere Selbstständigkeit – gibt ihm immer wieder Anreize und begeistert ihn; er schließt es mit sehr guten Noten ab.

Tim baut sich auf dem Land eine Existenz auf und wird Hausarzt. Durch unermüdlichen Einsatz für die Belange seiner Patienten erwirbt er sich viel Achtung. Schließlich wird er zum „Workaholic": Ein Arbeitspensum von täglich sechzehn Stunden empfindet er nicht als Problem. Er pflegt keine Freundschaften. Seine Familie sieht ihn selten. Tims Frau hat gelernt, ihm in zurückhaltender Form Grenzen zu zeigen und eine Coaching-Funktion zu übernehmen, denn Tim kann nur schwer Kompromisse eingehen und möchte immer Recht behalten. Nicht selten kommt es zu Auseinandersetzungen, die mit heftigen Szenen enden. Ein befriedigendes Familienleben ist nur möglich, nachdem eine strikte Trennung der Lebensbereiche und Zuständigkeiten vollzogen ist.

Für die eigenen Kinder hat Tim nur wenig Bedeutung, da er kaum anwesend ist. Erst als sie erwachsen sind, entwickelt sich eine spannungsfreie Beziehung zum Vater. So entsteht in späteren Jahren noch ein gewisses Familienleben.

ADHS-Männer sind oft sehr warmherzig und liebevoll, wenn sie sich rückhaltlos angenommen fühlen. Sie sind dann für ihre Partnerin ein loyaler und aufmerksamer Gefährte. Wenn die Bedingungen seines Aufwachsens durch liebevolles Verständnis und Förderung geprägt waren und die Schuljahre ohne über das übliche Maß hinausgehende, seelische Verletzungen überstanden wurden, kann ein Mann mit Restsymptomen von ADHS ein völlig normales Leben führen. Die verbleibenden Probleme, meist im Bereich der Daueraufmerksamkeit und Impulsivität, kann er kompensieren. In selbstständigen Berufen können Männer mit ADHS sehr erfolgreich sein. Der Rechtsanwalt, Arzt, Wissenschaftler, der selbstständige Handwerker, IT-Fachmann, Künstler, Politiker und Landwirt, der Journalist, Reporter und Schriftsteller, der Einkäufer, Koch, Versicherungsvertreter hat die langweiligen Routinearbeiten an andere delegiert. So hat er den Kopf frei für neue Entwicklungen, Visionen und ungewöhnliche Lösungen.

Viele ADHS-betroffene Männer engagieren sich ehrenamtlich im sozialen Bereich. Sie finden auf diese Weise die Anerkennung, die sie so sehr brauchen, um ein stabiles Selbstwertgefühl aufrechtzuerhalten. Werden ADHS-Männer bei all ihrer Spontaneität und Emotionalität wirklich erwachsen? Sind sie trotz dominierendem Verhalten und eingeschränkter Teamfähigkeit wirklich beziehungsfähig?

Ich denke ja, denn Männer mit ADHS können ihre Selbsteinschätzung und Selbststeuerung zu einem befriedigenden Lebensvollzug und zu reifem Denken und Handeln entwickeln.

Auf den Punkt gebracht: kein Mittelmaß

Bei vielen Männern mit ADHS sind nur noch Restsymptome der Störung vorhanden. Ihr ADHS ist nicht behandlungsbedürftig.

- Wenn Aufgaben immer wieder interessant und neu sind, können ADHS-Männer höchst motiviert sein und ihre Aufmerksamkeit lange genug aufrechterhalten.
- Bei ADHS-Männern gibt es wenig Mittelmaß. Trotz zerfließender Aufmerksamkeit haben sie ein hohes Anspruchsniveau und sind nicht selten Perfektionisten.

Männer mit ADHS:

- sind reizoffen,
- sind empfindlich,
- haben hoch aufschießende Emotionen,
- sind nicht immer kritikfähig,
- haben Selbstzweifel,
- hören schlecht zu,
- vergessen viel,
- sind kreativ und haben Visionen,
- verfügen über eine gut ausgebildete Vorstellungskraft,
- sind warmherzig und liebevoll,
- arbeiten mit Begeisterung,
- finden ungewöhnliche Lösungen,
- können – bei Interesse – außergewöhnliche Leistungen erbringen.

Teil II

Die Ressourcen wecken
Selbsthilfe bei ADHS

> Ich betrachte meine Denk- und Verhaltensmuster
> ganz ohne Scham oder Schuldgefühle.
> Ich nehme die nötigen Änderungen vor.
>
> LOUISE HAY

ADHS annehmen und konstruktiv damit umgehen

Hoffnung geben und Hoffnung annehmen

Wenn bei einem kleinen oder großen Menschen ein ADHS diagnostiziert wird, bedeutet dies meist das Ende einer langen Leidenszeit. Immer wieder fragten sich die Betroffenen während dieser Zeit, was eigentlich mit ihnen los sei. Wenn es sich um ein Kind handelt, das bereits im Schulalter ist, wird es durchaus in der Lage sein, ein gewisses Verständnis für die eigene Störung aufzubauen. Ungefähr ab dem Schulalter reicht es nicht mehr, wenn nur die Eltern zu Informationsabenden des behandelnden Arztes eingeladen werden. Ein Kind mit ADHS muss frühzeitig lernen, mit seiner chronischen Störung vertraut zu werden und sie anzunehmen. Dies ist besonders im Hinblick darauf wichtig, dass das Kind wahrscheinlich noch viele Jahre mit den Auswirkungen von ADHS zurechtkommen muss.

Ideal wäre es, wenn Kinder – wie auch Erwachsene – ein intensives Training zum Management ihrer Störung erhalten könnten. Ebenso wie bei Diabetikern oder Bluthochdruck-Patienten können durch ein gutes Krankheitsmanagement sehr viel bessere Ergebnisse bei Therapiemaßnahmen erreicht werden.

Als erster Schritt gilt das Prinzip: **Hoffnung geben und den Blick auf vorhandene Ressourcen lenken.** Lob, Zuwendung und Training stabilisieren die Wirkung von therapeutischen Maßnahmen in hohen Maße.

Erwachsene Menschen mit ADHS haben meist eine lange Geschichte mit vielen ärztlichen Untersuchungen, unterschiedlichen

Meinungen („ADHS gibt es nicht, gehen Sie zur Kur/zum Psychotherapeuten/zum Heilpraktiker...") und erfolglose Therapieversuche hinter sich. Der Leidensdruck ist entsprechend hoch.

Eine Patientin, der ich eine Reihe harmloser Satzanfänge zum Vervollständigen gab, wie diese:

Keiner _____

Ich fühle mich _____

Hoffentlich _____

Ich bin _____

Ich wünsche _____

Ich kann _____

Immer _____

Am liebsten _____

Mein größtes Problem ist _____

Am meisten wünsche ich mir _____

Ich möchte _____

brach in Tränen aus, als sie die Sätze beenden wollte. Auf Nachfrage antwortete sie: „Wenn Sie mir so schreckliche Fragen stellen, muss ich einfach weinen." Auch hier steht vor Beginn jeglicher therapeutischen Handlung das Prinzip: *Hoffnung* geben! Perspektiven aufzeigen, von Erfahrungen berichten.

Es reicht noch nicht aus, wenn Therapeuten den Patienten nur umfassend und strukturiert untersuchen, gezielt fragen, ruhig zuhören und Zeit haben. Der Therapeut sollte vielmehr den Blick des Patienten auf die guten Fähigkeiten, Eigenschaften und Möglichkeiten lenken, die dieser vielleicht bis dahin kaum an sich wahrgenommen hat. Er muss Mut machen. Immer sollen die möglichen Erfolge einer Therapie mit Nachdruck aufgezeigt werden. Erwähnt werden sollte dabei auch, dass diese Erfolge durch vorhandene positive Ressourcen des Patienten noch verstärkt werden.

Der Patient mit ADHS ist hoch emotional und sehr empfindlich. Meist sieht er die Untersuchung auf ADHS als „letzten Versuch"; dem Unerklärbaren an sich selbst nahe zu kommen. Er ist entmutigt, hat unter Umständen schon aufgegeben. Deshalb muss eine positive Ausgangslage geschaffen werden, damit er nicht zusammenbricht, sondern Hoffnung schöpfen kann.

Nach einem langen Gespräch sagte mir ein junger Mann: „Das war eine Offenbarung – das ist es, was ich schon immer gedacht habe, aber nicht erklären konnte!" Eine Sechzigjährige meinte: „Ich habe alles getan, um mit meinem Leben besser zurechtzukommen, doch ohne Erfolg. Mein langes Leben, in dem Scham und Ohnmacht eine große Rolle spielten, wäre anders verlaufen – hätte ich diese Diagnose nur früher erhalten. Doch jetzt sehe ich Licht!" Ein junges Mädchen: „Ich weiß jetzt, warum ich meine Arbeit schon wieder verloren habe – das war der Nebel im Kopf, die halbfertigen Dinge, das Vergessen! Ich habe versucht, das zu verstehen, aber es ging nicht." Ein Kind warf die Arme hoch und rief: „Kann ich dann aufpassen? Kann ich lernen? Mögen mich die anderen? Kriege ich Freunde?"

Einen freundlichen Blick auf eine möglicherweise bessere Zukunft zu werfen, hilft ADHS-Menschen, ihre Erkrankung anzunehmen und sich mit *Hoffnung* an Therapieprozessen zu beteiligen.

Auf den Punkt gebracht:
Hoffnung, die Voraussetzung für Veränderung

- Wieder Zukunftshoffnung entwickeln zu können, hilft ADHS-Betroffenen, an ihre zweifellos vorhandenen guten Ressourcen anzuknüpfen.
- Wieder Hoffnung zu haben bedeutet auch, sich selbst noch eine Chance geben zu können.
- Hoffnung zu schöpfen kann die Brücke sein, über die ADHS-Menschen gehen können, um ihre Ängste zu überwinden und mehr Lebensqualität zu erlangen.

Seelische Verletzungen heilen

Wenn ein Kind von ADHS-Eltern oder einem ADHS-Elternteil abstammt, ist die Wahrscheinlichkeit groß, dass es ebenfalls von der Störung betroffen sein wird.

Eltern spüren schnell, dass mit ihrem Kind irgendetwas nicht stimmt. Viele Säuglinge mit ADHS entwickeln sich zu Schreibabys, höchst unruhigen Kleinkindern, die schlaflos und voller Aktivität den Tag und die Nacht der Eltern gestalten. Wenn, wie so häufig, Veränderungen in der sensorischen Wahrnehmung des Kindes zu sehen sind, zeigt sich das zunächst in einer Überempfindlichkeit bei Berührungen. Das Baby und Kleinkind zeigt wenig Zuneigung und mag sich nicht anfassen und streicheln lassen. Eltern sind enttäuscht, ziehen falsche Schlüsse und fühlen sich abgelehnt. Das Verhältnis zwischen Eltern und dem ADHS-Kleinkind kann schon frühzeitig tragisch gestört werden. Schwierigkeiten dieser und anderer Art ziehen sich durch die gesamte Kindheit, wenn nicht frühzeitig behandelt wird. Das ADHS-Kind kann von den Eltern hauptsächlich deshalb nicht verstanden werden, weil sie über die Störung nicht informiert sind. Schnell wird das überaus schwierige Kind zum schwarzen Schaf in der Familie – vor allem dann, wenn es noch andere, *nicht* betroffene Geschwister hat. Später kommen massive Schulschwierigkeiten und Probleme in der Ausbildung und im Beruf dazu.

Diese Probleme und Missverständnisse lassen im Kind und Jugendlichen im Laufe seiner Entwicklung das Gefühl entstehen, ständig ungerecht getadelt zu werden, es niemandem recht machen zu können, anders zu sein und nicht geliebt zu werden. Jugendliche reagieren mit Abwehr und Aggressivität oder ziehen sich völlig zurück. Sie wollen nicht mehr auf ihre zweifellos vorhandenen Defizite hingewiesen werden. Es kann zur Hinwendung zu Randgruppen kommen, in denen der Jugendliche sich in seiner Außenseiterrolle angenommen fühlt. Alkohol, Drogen,

Kriminalität gewinnen nicht selten eine problematische Bedeutung. Unbehandelte Kinder und Jugendliche sind eine hochgefährdete gesellschaftliche Risikogruppe.

Zahlreiche ADHS-Betroffene kämpfen sich mit viel persönlichem Leid und häufigen Frustrationserlebnissen durch eine belastete Kindheit und Jugend. Ohne es zu wollen, machen sie es ihren Eltern sehr schwer. Sollten diese selbst betroffen sein, vervielfältigen sich die Probleme. Nicht selten zerbrechen Ehen. Viele ADHS-Kinder wachsen in Pflegefamilien oder Heimen auf. Auch wenn die Sozialisation weitgehend normal verläuft, spielen seelische Verletzungen in aller Regel eine bedeutende Rolle.

Junge ADHS-Erwachsene fühlen sich vielfach von ihren Eltern seelisch misshandelt. Sie sollten aufgeklärt werden, was ADHS für die seelische Gesundheit aller Beteiligten bedeuten kann. Die Gefahr, bei unbehandeltem ADHS seelischen Schaden zu erleiden, muss ihnen verständlich gemacht werden. Schuldzuweisungen an die Eltern können so besser abgebaut werden.

Der Mangel an Verständnis, an Unterstützung, an Zuwendung und Liebe schmerzt noch lange; deshalb sollten Erwachsene mit ADHS unbedingt mit professioneller Hilfe lernen, dass diese Verletzungen eine tragische Folge der Auswirkungen einer nicht erkannten neurologischen Störung sind. Alle Beteiligten, Eltern, Kind und Geschwister waren überfordert. Jede Seite wollte Liebe, Verständnis und Unterstützung, keine Seite hat sie erhalten. Alle Beteiligten haben unendlich gelitten.

Wenn ein Kind mit ADHS frühzeitig intensiv therapiert wird, besteht die Chance auf eine weitgehend normale Kindheit. Normale Beziehungen zwischen Eltern und Kind entwickeln sich. Es kommt in der Regel nicht zu über das übliche Maß hinausgehenden seelischen Verletzungen. Alle von ADHS Betroffenen in der Familie werden langfristig ausgelegte Therapien benötigen, denn ADHS ist eine chronisch andauernde Störung.

Der Erfolg solcher Therapien ist umso besser, je umfassender Eltern und Kinder über den Verlauf, die Ausdrucksform der Störung und die Begleiterkrankungen usw. informiert sind. Wenn verstehbar wird, dass z. B. nervliche Gereiztheit, Verstimmungen und Unruhe, Wutausbrüche und Stimmungsschwankungen typische Symptome eines ADHS sind, kann damit besser umgegangen werden. Eltern wissen dann, dass ihr Kind nicht aus Boshaftigkeit oder Ungezogenheit ein solches Verhalten zeigt, sondern dass es ein chronisch krankes Kind ist. Die Störung lässt es so schwierig sein.

ADHS-Erwachsene fühlen sich häufig gezeichnet. Sie haben gelernt, dass sie auf eine unübersehbare Art anders als alle anderen sind. Sie wissen nur nicht, wie und warum. Wegen der Lernstörungen, der vielen Fehlleistungen, des mangelnden Erfolges in der Familie und/oder im Beruf ist ihr Selbstbild völlig demontiert. Sie fühlen sich unfähig, dumm, schlecht und schuldig.

ADHS-Betroffenen fehlt ein stabiles Ich-Gefühl, die gleichmäßige seelische Gestimmtheit, das Vermögen, angemessen psychisch auf die Gegebenheiten des Lebens zu reagieren. Ständig suchen sie nach sich selbst. Ausflüge in die Esoterik bringen keine Hilfe. Immer von neuem suchen sie in rasch wechselnden Beziehungen den idealen Partner. Sie erschöpfen sich in Risikoverhalten oder sind Workaholic. Sie trinken viel Kaffee und Cola. Sind ständig auf Achse oder leben in einer Traumwelt. Ein übersteigertes Bedürfnis nach Sex, Glücksspiel, Nikotin und Alkohol bringt ihnen nicht oder nur kurz die erhoffte Beruhigung von quälendem Aktionismus. Was sie auch beginnen, nichts kann die Stimme in ihrem Inneren zum Verstummen bringen, die flüstert: „Du kannst nichts, du bist wertlos, du bist dumm, faul, vergesslich, du fügst anderen Leid zu und merkst es nicht einmal – es sollte dich eigentlich nicht geben."

Die eigenen guten Seiten, die sie zweifellos haben, auch ihre eigene Leistung können sie weder wahrnehmen noch anerkennen. Es wundert nicht, dass ein großer Teil der ADHS-Erwachsenen unter mehr oder weniger schweren Depressionen leidet.

Viele ADHS-Betroffene haben durch die zahlreichen seelischen Verwundungen ihr Selbstvertrauen verloren. Sie führen ein belastetes Leben. Ihr inneres und äußeres Chaos macht sie sehr unglücklich. Die Entwicklung von Angst- und Suchterkrankungen erscheint vor diesem Hintergrund verständlich. ADHS-Erwachsene brauchen unbedingt einen erfahrenen Therapeuten, der ihnen hilft, eine realistische Selbstwahrnehmung zu entwickeln. Sich selbst besser wahrnehmen zu können heißt auch, sich selbst besser verstehen zu können. Sich selbst besser verstehen heißt auch, sich selbst und anderen verzeihen zu können. Scham- und Schuldgefühle können abgebaut werden. Ist dies der Fall, wird der Blick frei auf die positiven Ressourcen, die zweifellos vorhanden sind.

Schritte zu einer positiven Veränderung sind:
- aufgeklärt werden,
- verstehen,
- annehmen,
- Hilfen suchen und anwenden,
- sich selbst und anderen verzeihen,
- das Unabänderliche akzeptieren,
- mit Hoffnung an einer besseren Entwicklung arbeiten.

Positive Affirmation:

> Ich trenne mich mit Leichtigkeit von alten Gewohnheiten und Glaubenssätzen. Ich bin offen für positive Veränderungen.
> LOUISE HAY

Die eigenen Emotionen besser im Griff haben

Menschen mit ADHS brauchen in den meisten Fällen als Voraussetzung für positive Veränderungen Therapien, um die Auswirkungen ihrer neurologischen Störung wirksam zu verbessern. Doch nicht jeder ADHS-Patient ist auf Medikamente oder Psychotherapien angewiesen. Bei vielen leicht betroffenen Erwachsenen spielt das Syndrom nur noch eine untergeordnete Rolle – die Symptome haben sich abgeschwächt. In der Diagnose heißt dies: das Syndrom ist *teilremittiert* vorhanden.

Doch wie schon an anderer Stelle beschrieben, haben Menschen mit ADHS in der Regel mit einem ganzen Strauß an Schwierigkeiten zu kämpfen, die sich als Reaktion auf die neurologischen Beeinträchtigungen eingestellt haben. Leider sind Komorbiditäten (Begleiterkrankungen) bei ADHS die Regel. Sie werden vom Patienten meist deutlicher wahrgenommen als die neurologische Störung, von der der Patient in der Regel nichts weiß.

Im Folgenden werden Möglichkeiten der Selbsthilfe vorgestellt. Diese Möglichkeiten können zwar unterstützend und helfend wirksam sein, sie ersetzen aber keinesfalls die sorgfältige Abklärung beim Arzt! Sie sind auch nicht geeignet, die vom Arzt eingeleiteten Therapiemaßnahmen zu ersetzen. Selbsthilfe ist immer dann zusätzlich angesagt, wenn ärztliche Therapien schon greifen und wirksam unterstützt werden sollen.

Für Patienten, die ein nur leichtes und teilremittiertes ADHS haben, kann Selbsthilfe ein wichtiger Schritt zum Erlangen von mehr Lebensqualität sein.

Selbstliebe und Selbstakzeptanz

Jeder Mensch braucht die beständige Aufmerksamkeit, Zuwendung und Wertschätzung von anderen Menschen. An manchen Tagen fühlen sich Menschen mit ADHS wertlos und nicht wohl in ihrer Haut. Möglicherweise gibt es Gründe dafür, vielleicht handelt es sich aber auch „nur" um eine der vielen Stimmungsschwankungen, die bei ADHS so typisch sind. Sich wertlos fühlen ist häufig ein Überbleibsel aus der Vergangenheit, denn unsere Gefühlsmuster sind von den Erfahrungen in unserer Kindheit geprägt. Jedes Kind mit ADHS erfährt in seiner Kindheit und Jugend eine Überfülle an Kränkungen. Meist bleiben ihm die Gründe dafür, die die Erwachsenen so schwer übersehen können, verborgen. Kinder mit ADHS möchten immer ebenso klug, vorsichtig, ordentlich, brav und fleißig sein, wie alle anderen. Leider gelingt ihnen das nur sehr selten, doch sie finden weder die Gründe noch die Ursachen für ihr „Anderssein" heraus. Schließlich ist der junge Erwachsene davon überzeugt, vieles an und in sich abzulehnen zu müssen. Dieses „Sich-selbst-nicht-akzeptieren-und-lieben-Können" bedeutet in der Folge, die Liebe anderer ebenfalls nur schwer annehmen zu können. Wer sich selbst nicht lieben kann, kann weder andere vorbehaltlos lieben noch wird er selbst geliebt werden.

Das Aufziehen der zarten Pflanze „Selbstliebe und Selbstakzeptanz" ist die Voraussetzung für die Verbesserung der Beziehungen zu anderen Menschen. Wenn eine neue Lebensqualität in das seelische Empfinden von Erwachsenen mit ADHS einziehen soll, **müssen sie als Erstes lernen, sich selbst so anzunehmen wie sie sind und sich mit allen ihren Unvollkommenheiten akzeptieren.**

Die folgenden Übungen können dabei helfen:

Wählen sie einen ruhigen Zeitpunkt. Sie sind allein und werden nicht gestört. Lassen Sie angenehme Musik laufen. Wenn Sie mögen, können Sie noch etwas Lavendel – besser noch Spikelavendel – in die Duftlampe tropfen (das fördert die Konzentration).

Setzen Sie sich an einen Tisch und legen sie ein Porträtfoto aus ihrer Kinderzeit vor sich.

Betrachten Sie das vertraute Kindergesicht. Umarmen Sie in Gedanken das Kind, sagen Sie ihm, dass Sie es lieben. Sagen Sie dem Kind: „Du bist so wichtig für mich, du bist, was du bist und das ist gut so. Es ist gut, dass es dich gibt. Ich liebe dich mit allen deinen guten und weniger guten Eigenschaften." Wiederholen Sie die Ansprache mehrmals. Schließen Sie Ihre Augen. Erinnern Sie sich an eine Zeit der Zufriedenheit und des Glücks. Erinnern Sie sich an Momente, in denen Sie sich ganz entspannt und im Einklang mit sich selbst gefühlt haben. Vielleicht war es, als Sie eine bestimmte Melodie hörten oder während eines Urlaubs. Versuchen Sie das innere Bild ein wenig festzuhalten.

Sagen Sie dem Kind, dass es nun groß geworden ist. Wenn es getröstet werden möchte, sagen Sie ihm: „Lange Zeit hat niemand deine Trauer beachtet. Heute beginne ich Neues. Ich übernehme Verantwortung für dich. Alles wird gut."

Verabschieden Sie sich von dem Bild und sagen Sie: „Ich komme wieder!"

Hängen Sie das Kinderbild an die Wand. Immer, wenn Sie dort vorbeikommen, werfen Sie Ihrem Bild in Gedanken einen fröhlichen Gruß zu.

Wenn Sie mit ihrem inneren Kind Frieden geschlossen haben, können Sie folgende Übung machen:

Schaffen Sie eine ruhige Umgebung. Nehmen Sie einen Spiegel und stellen Sie ihn vor sich auf den Tisch: Sie sehen ihr Gesicht in Ruhe an. Sagen Sie: „Hallo, da bist du ja! Wie geht es dir heute?" Nehmen Sie sich in Gedanken selbst in den Arm. Sehen Sie Ihr Gesicht an und sagen Sie dem Spiegelbild, was Ihnen an Ihrem Abbild gefällt. Sagen Sie dem Gesicht im Spiegel: „Ich liebe dich, wie gut, dass es dich gibt!" Loben Sie sich für etwas, was Ihnen vor kurzem besser gelungen ist als gewohnt. Sagen Sie: „Du musst dich nicht ständig mit anderen messen, du bist so, wie du bist und das ist genug."

Wenn wir zu uns sagen: „Ich mag mich", dann ist das wie eine Liebeserklärung an uns selbst. Diese Liebeserklärung entlastet uns von Selbsthass und Selbstverurteilung. Sie schafft die Ausgangsposition für die Entwicklung von Selbstwert und Selbstachtung. Die Vorstellung, mich selbst in den Arm zu nehmen, gibt neues Selbstvertrauen: Ich muss die ungeliebten Anteile an mir selbst nicht mehr verstecken. Selbstliebe ist deshalb eine wichtige Verständigungsgrundlage mit mir selbst. Ich kann mich besser annehmen und meine Unzulänglichkeiten besser verzeihen. Sich selbst mit seinen vielen kleinen und großen Schwächen anzunehmen heißt auch, dem inneren harten Kritiker eine Absage zu erteilen.

Sich selbst anzunehmen schließt aber notwendige Veränderungen nicht aus.

Selbstliebe entwickeln ist auch der Schlüssel, mit dem Leben und mit anderen Menschen *wirklich* in Kontakt zu sein, denn alle Eigenschaften, die ich an mir ablehne, lehne ich auch bei anderen ab. Und alles, was ich ablehne, stellt eine Hürde bei der Verständigung dar: Ich kann anderen nur eingeschränkt begegnen.

Die beiden oben beschriebenen Übungen haben schon vielen Menschen mit ungenügender Selbstliebe und Akzeptanz geholfen. Menschen mit ADHS können und sollten sie immer wieder machen, denn jede Umstimmung braucht viel Zeit zum Wachsen.

> Heute fällt es mir leicht, wenn ich in den Spiegel schaue zu sagen: „Ich liebe dich. Ich liebe dich wirklich."
> LOUISE HAY

Mit sich selbst sprechen

Eine der Auswirkungen von ADHS ist, dass sich das Arbeitsgedächtnis nicht ausreichend entwickeln kann. Die Folge ist eine wesentlich schlechter ausgebildete Fähigkeit, sich über ein Selbstgespräch steuern zu können. (Psychologen nennen dies „Störungen in der Entwicklung der Internalisierung von an sich selbst gerichteter Rede".) Daraus ergibt sich eine geringere Fähigkeit zur Selbstkontrolle und Selbststeuerung. Beides sind wichtige Mechanismen, um die richtigen Augenblicksentscheidungen treffen zu können. Bei beeinträchtigter Fähigkeit zum Sprechen mit sich selbst kann auch das Halten der Aufmerksamkeit und das Abschätzen der Auswirkungen unserer Handlungen behindert sein. In der Selbstreflexion spielt das innere Gespräch eine große Rolle. Es wirkt klärend und bringt uns mit uns selbst in Kontakt.

Als Kind haben Menschen mit ADHS die Fähigkeit, mit sich selbst zu sprechen, möglicherweise noch gehabt. Doch es gibt viele Gründe, warum diese Fähigkeit mehr und mehr verloren ging: Einerseits fehlte dem Kind der Mut, sich selbst zu vertrauen, und andererseits dachte es, die anderen wüssten es sowieso besser. In seiner kindlichen Unschuld zeigte es sich mit seiner ganzen überschäumenden Lebendigkeit. Aber so, wie es war in seinen Gedanken, Gefühlen und Entscheidungen, war es in den Augen der Erwachsenen nicht richtig. Es sollte – so wünschten diese, anders denken, handeln und fühlen.

Irgendwann begann das Kind seiner inneren Stimme und seiner Intuition zu misstrauen. Misstrauen bewirkt aber Vertrauensverlust und Unsicherheit. Misstrauen hinterlässt Verletzungen im Selbstbild des Kindes. Diese Verletzungen schmerzen oft bis in das Erwachsenenalter.

Auf die innere Stimme hören

Sprechen Sie so oft es geht (auch laut oder in Gedanken) mit sich selbst. Hören Sie auf Ihre innere Stimme. Sicherlich wird Ihnen Ihre innere Stimme auch von traurigen und unverarbeiteten Verletzungen erzählen. Lassen Sie diese traurigen Bilder zu. Indem Sie sie wahrnehmen und mit sich selbst darüber sprechen, können Sie sie besser loslassen. Ihr Dialog mit sich selbst wird viel bewirken: Er klärt die Gedanken und gibt Sicherheit durch mit sich selbst besprochene Entscheidungen. Entscheidungen zu treffen fällt leichter. Es entsteht mehr Handlungssicherheit. Man handelt weniger impulsiv.

Das innere Gespräch kann noch anderes bewirken: Linderung oder Heilung der Erinnerung an schmerzvolle Ereignisse in der Kindheit, Versöhnung mit sich selbst und neues Selbstvertrauen.

> Ich spreche mit mir und höre mir in Ruhe zu.
> Ich lasse meine guten und weniger guten Gedanken zu.
> Ich schaffe einen intensiven und liebevollen Kontakt mit mir selbst.

Die eigenen Stärken und Schwächen erkennen

Alles, was lebt, befindet sich in einem stetigen Entwicklungsprozess. Alles ist im Wandel. Wer sich entwickeln will und muss, ist unvollkommen und macht Fehler. Dafür wurde das ADHS-Kind oft abgelehnt. Es wurde kritisiert und gestraft, weil es eine andere Art der Wahrnehmung hatte. Das Kind dachte, es würde wegen seiner Unvollkommenheit und seines Andersseins nicht geliebt.

Der Erwachsene hat gelernt, sich eine Maske aufzusetzen, die sein Anderssein verbirgt. Er hat sich mehr oder weniger gut angepasst. Die Aufmerksamkeit für die eigenen guten Seiten ging dabei verloren. In einem Seminar für Erwachsene, die sich gestresst fühlten, bat ich die Teilnehmer, zehn Dinge aufzuschreiben, die sie an sich mögen. Nur mit viel Ermunterung gelang es ihnen, höchsten ein bis zwei gute eigene Eigenschaften aufzulisten!

Der innere Kritiker ist bei den meisten Erwachsenen höchst aktiv – bei ADHS-Menschen ist er unerbittlich. Viele reagieren höchst erstaunt und ungläubig, wenn sie ein Lob erhalten. Wie wichtig die positive Selbstwahrnehmung für unsere Handlungsfähigkeit und Kompetenz wie auch für unsere Beziehungen zu anderen ist, haben Sie schon gelesen. Hier nun einige Tipps, wie man besser herausfinden kann, was an guten Ressourcen in einem steckt:

Das „Gut-gemacht-Buch"
Besorgen Sie sich ein Heft oder ein Kalenderbuch. Sie brauchen eine Seite für jeden Tag. Schreiben Sie die Überschrift: „Das war heute schon viel besser" auf die erste Zeile. Überlegen Sie jeden Abend, was an Ihrem Verhalten besser war als sonst. Dabei sind die kleinen Dinge besonders wichtig, z. B.: „Heute am Morgen den Autoschlüssel nicht gesucht, sondern vom Schlüsselbrett genommen." „Heute beim Arzt nicht zu spät gekommen." „Heute beim Schulaufgabenhelfen viel ruhiger geblieben." „Heute meiner Kollegin nicht genervt geantwortet." „Heute Schublade aufgeräumt."

Wenn Ihr ADHS medikamentös behandelt wird, sollten Sie ebenfalls aufschreiben, ob Sie das Medikament regelmäßig genommen haben und wie die Wirkung war. Sie können auch aufschreiben, wie Sie sich gefühlt haben, als Sie den Schlüssel gleich gefunden haben u. ä.

Versuchen Sie möglichst regelmäßig in das Heft zu schreiben. Damit Sie es nicht vergessen, legen Sie Heft und Stift auf Ihren Nachttisch. Ein Erinnerungszettel am Morgen, für den kommenden Abend auf das Kopfkissen gelegt, ist gut gegen das Vergessen.

Wenn Sie einige Monate lang in das Heft geschrieben haben, was unter „positiv" verbucht werden kann, werden Sie erstaunt sein, was Sie alles zunehmend besser können.

Fragen stellen

Wenn Sie einen Partner haben, mit dem Sie in liebevollem und offenem Kontakt stehen, bitten Sie ihn um ein wenig Zeit. Schaffen Sie eine ruhige Atmosphäre. Geben Sie ihm eine vorher von Ihnen geschriebene Liste.

Sie haben in Stichpunkten aufgeschrieben, was Ihnen an Ihrem Partner besonders gefällt. Seien Sie ehrlich dabei. Bitten Sie ihn, eine ähnliche Liste für Sie aufzustellen. Sie werden eine Rückmeldung erhalten, die Sie erstaunen wird.

Erzwingen Sie nichts. Akzeptieren Sie kommentarlos, wenn Ihr Partner lieber nichts schreiben möchte. Halten Sie unbedingt die Reihenfolge ein: Er liest seine guten Seiten und schreibt dann Ihre auf. Sie können auch eine gute Freundin/Freund/Schwester/Bruder und andere einbeziehen.

Beobachten Sie an sich, ob sie Anerkennung und Lob von anderen Menschen annehmen können. Achten Sie darauf, wo und wie Sie sich abwerten und wie dies ihre Beziehungen zu anderen verändert.

Loben Sie andere aufrichtig, wenn Sie etwas gut finden. Sie erhalten dann auch selbst Lob.

Anerkennen und Stärken loben

Denken Sie ganz bewusst an Ihren Partner/Freund/Freundin und stellen Sie für sich fest, was Sie an ihm mögen. Nehmen Sie ihn so an, wie er ist. Bewerten Sie sein Verhalten nicht. Seien Sie bewusst nachsichtig. Gestehen Sie ihm Fehler und Irrtümer zu. Akzeptieren Sie Unzulänglichkeiten. Wenn Sie öfter so denken, wird es sich in Ihrem Verhalten ausdrücken. Loben Sie Ihren Partner für kleine Verbesserungen oder drücken Sie Anerkennung aus.

Sie werden sehen: Recht bald werden auch Sie gelobt! Jeder Mensch braucht ausreichend Lob und Anerkennung, um sich entwickeln zu können.

> Ich nehme dich an, wie du bist.
> Ich nehme mich an, wie ich bin.
> Wir akzeptieren unser Anderssein.
> Danke, dass es dich gibt.

Gut miteinander sprechen und sich verstehen

Viele Menschen mit ADHS haben ein besonders starkes Bedürfnis, mit anderen zu sprechen. Doch leider werden ihre Gespräche oft durch ihre Ungeduld und langes „selbst sprechen Wollen" beeinträchtigt. ADHS-Menschen werden im Gespräch häufig von anderen als sehr anstrengend empfunden. Sie erleben dann, dass andere das Gespräch mit ihnen meiden oder abbrechen. Eine solche Entwicklung ist sehr schade, denn der lebendige Gesprächsfluss zwischen zwei Menschen kann etwas höchst Kreatives und Aufbauendes sein. Ein gutes Gespräch ist immer ein Ausdruck von Interesse und Wertschätzung der Teilnehmer füreinander.

Damit ADHS-Menschen und Menschen ohne Aufmerksamkeitsstörung sich gut verstehen können, sollten einige Bedingungen für gutes Sich-Verstehen beachtet werden:

Wenn ein Gespräch gelingen soll ...

... sollten Sie als ADHS-Mensch nie:	... sollten Sie als ADHS-Mensch immer:
murmeln oder sehr leise sprechen	klar und deutlich sprechen
sehr laut sprechen	deutlich Interesse zeigen, mittlere Lautstärke wählen
zu schnell reden	in gemäßigtem Tempo sprechen
endlos reden	nur kurz reden (höchstens zwei Sätze)
undeutlich reden	eine deutliche Aussprache haben
den anderen beim Sprechen unterbrechen	andere ausreden lassen
belehrend oder besserwisserisch wirken	neutral über das sprechen, was Sie genau wissen
unerwünschte Ratschläge geben	anderen Zeit lassen, die Lösung selbst zu finden Möglichkeiten eröffnen
unehrlich sein und lügen	immer offen und ehrlich sein
abrupt das Thema wechseln	das Gespräch so führen, dass sich ein Themawechsel ergibt
fehlende Zeit und Ruhe signalisieren	signalisieren: Ich nehme mir Zeit und Ruhe für dich
grobe Kritik äußern	Ihre Meinung sagen, ohne andere zu verletzen
den anderen zu einer Sache bekehren wollen	Ihre „Message" – wenn Sie eine haben – zur Diskussion stellen
kaum Blickkontakt halten	Ihren Gesprächspartner immer wieder offen ansehen
durch körperliche Signale Unruhe und Desinteresse aussenden	zeigen Sie, dass Sie an der Meinung des anderen interessiert sind
drauflos reden, spontan reden, ins Fettnäpfchen treten	immer vor dem nächsten Satz überlegen, was gesagt werden soll

Während des Gesprächs erreichen viele Informationen das Ohr. Sehr viele unausgesprochene Informationen erreichen die Gesprächsteilnehmer durch Sehen der Gestik und Mimik der sprechenden Person. Schließlich können sie noch ihren jeweiligen Händedruck fühlen und den Körpergeruch des anderen riechen. Da besonders Menschen mit ADHS Informationen je nach Konzentrationslage nur begrenzt aufnehmen und verarbeiten können, brauchen sie Zeit, um das Gehörte, Gesehene, Gefühlte und Gerochene vollständig verstehen und nachvollziehen zu können.

Den eigenen Standort kennen

Wenn sich Menschen mit ADHS in therapeutische Behandlung begeben, werden sie in der Regel umfassend diagnostiziert. Der Arzt wird mitteilen, welcher **Typus des ADHS** vorliegt. Liegt bei dem Patienten ein **ADHS vom überwiegend unaufmerksamen Typ** vor, vom **hyperaktiv-impulsiven, unaufmerksamen Typ,** oder liegt bei ihm der **Mischtyp** vor?

Je nachdem, welcher ADHS-Typus vorliegt, muss der Patient auf unterschiedliche Schwerpunkte achten: Der vorwiegend unaufmerksame Typus wird vor allem Sorge dafür tragen müssen, mehr innere Präsenz und Wachheit im Alltag aufzubringen. Wahrscheinlich braucht er mehr Antrieb und Aktivierung. Der vorwiegend hyperaktiv-impulsive Typus wird ebenfalls auf mehr Aufmerksamkeit achten müssen. Sein Motor läuft jedoch eher zu schnell. Konzentration auf das Wesentliche und innere Ruhe herstellen ist oberstes Gebot. Die Impulsivität sollte verringert werden.

Der Mischtyp hat von beiden etwas. Er muss vor allem auf Wachheit, Konzentration und angemessene Arbeitsgeschwindigkeit achten. Impulsive Gefühlsreaktionen sollten eingegrenzt werden.

Auf den jeweils vorliegenden ADHS-Typus werden auch die Therapien abgestimmt werden. Auf den folgenden Seiten finden Sie eine Möglichkeit, ADHS einzustufen. Diese Tabellen ersetzen keinesfalls die sorgfältige Diagnostik beim Arzt.

Zu welchem ADHS-Typ gehören Sie?

Kriterien für ADHS nach DSM IV und ICD 10 – der eigene Standort

Konzentration und Aufmerksamkeit

Beispiel bei Kindern:	**Beispiel für Symptome im Erwachsenenalter**	ja	nein
1) Ist oft sehr flüchtig und beachtet Einzelheiten nur unzureichend. Ist bei den Schularbeiten oder anderen Tätigkeiten ungenau.	Verliert und vergisst Gegenstände, sucht Gegenstände, muss Anweisungen immer wieder lesen, bis er sie im Kopf hat. Vergisst oft die eigenen Vorhaben. Geht z. B. in die Küche und weiß nicht mehr, was er dort wollte. Vergisst Mitteilungen anderer: „Das hast du mir nicht gesagt."		
2) Kann sich nur kurz mit einer Sache beschäftigen. Wechselt auch Spiele schnell.	Muss bei anstrengender Arbeit am Schreibtisch oft aufstehen, Pausen machen. Wenn die Tätigkeit uninteressant ist, kann er sie schwer zu Ende bringen. Ist sehr stark ablenkbar.		
3) Überhört Erwachsene oft unabsichtlich. Hört ungenau zu. Kann Gehörtes oft nicht wiedergeben.	Ist oft mit den eigenen Gedanken beschäftigt. Träumt, hat Gedankenkaskaden, bestimmte Dinge gehen den ganzen Tag im Kopf herum.		

Beispiel bei Kindern:	Beispiel für Symptome im Erwachsenenalter	ja	nein
4) Ist ungenau bei der Befolgung von Handlungsanweisungen. Schiebt uninteressante Aufgaben auf und vergisst sie.	Begreift Arbeitsanweisungen nur unvollständig und kann begonnene Aufgaben nicht in der gewünschten Zeit ausführen. Lässt uninteressante Pflichtaufgaben liegen und vergisst sie. Kann Aufgaben nicht gut strukturieren.		
5) Hat oft große Schwierigkeiten, Aktivitäten und Aufgaben zu strukturieren. Organisation und Handlungsplanung fallen schwer.	Kann Aufgaben schlecht nach „wichtig und weniger wichtig" einteilen. Kann schlecht mit der Zeit umgehen. Strukturieren und Planen fallen schwer.		

Impulsivität/ Hyperaktivität bei Kindern	Impulsivität/ Hyperaktivität bei Erwachsenen	ja	nein
1) Kippelt oft mit dem Stuhl. Spielt mit den Händen, rutscht auf dem Stuhl herum. Füße wackeln beim Sitzen permanent.	Gestikuliert viel, kann nicht lange sitzen, wippt mit den Füßen, knabbert Nägel, spielt mit dem Haar.		
2) Steht beim Essen lieber oder steht oft auf. Bittet in der Schulstunde aufstehen zu dürfen (Toilette). Fühlt sich nach Bewegung konzentrierter und entspannter.	Steht oft auf, sitzt selten lange still, bewegt sich gerne, fährt Fahrrad, treibt Sport.		

Impulsivität/ Hyperaktivität bei Kindern	Impulsivität/ Hyperaktivität bei Erwachsenen	ja	nein
3) Liebt Spielplätze mit viel Klettermöglichkeiten. Klettert gerne auf Möbel. Kann Gefahren schlecht einschätzen.	Spricht mit anderen Menschen lieber im Stehen, kann sich besser bei Bewegung konzentrieren.		
4) Tobt in der Pause oder spielt Bewegungsspiele. Kommt oft rot und verschwitzt aus der Pause zurück.	Hat in der Freizeit viel vor. Ist viel körperlich aktiv.		
5) Steht nach den Hausaufgaben wie unter Strom. Muss auf jeden Fall draußen spielen.	Fährt gerne schnell Auto. Liebt Karussells, treibt Extremsport, alles soll sehr schnell gehen.		
6) Redet allen „die Ohren voll": Großer Rededrang.	Redet sehr viel.		
7) Kann mit seiner Antwort nicht warten. Platzt mit seiner Rede dazwischen.	Kann anderen schlecht zuhören, fällt manchmal anderen ins Wort.		
8) Will immer Erster sein. Kann kaum warten, bis er an der Reihe ist.	Kann schlecht warten, leidet Qualen beim Warten, beim Arzt, vor der Kasse, auf dem Bahnhof.		
9) Mischt sich überall ein. Stört andere unabsichtlich beim Spielen. Möchte alles nach seinen Vorstellungen gestalten.	Ist sehr impulsiv, unterbricht andere.		
Summe der Ja-Antworten			

Welcher ADHS-Typus liegt bei Ihnen vor? Wenn Sie beim Schema Konzentration/Aufmerksamkeit weniger als 4 Mal „Ja" angekreuzt haben und wenn dies bei Impulsivität/Hyperaktivität ebenfalls der Fall ist, liegt wahrscheinlich kein ADHS vor.

- Wenn mehr als vier „Ja"-Kreuze in beiden Rubriken vorhanden sind, handelt es sich wahrscheinlich um den Mischtypus.
- Wenn mehr als vier „Ja"-Kreuze bei Konzentration und Aufmerksamkeit gemacht wurden, handelt es sich möglicherweise um den aufmerksamkeitsgestörten Typus ohne Hyperaktivität.
- Wenn mehr als vier „Ja"-Kreuze bei Hyperaktivität/Impulsivität gemacht wurden, kann es sich um den hyperaktiv-impulsiven Typus handeln.

Positives Gefühlsmanagement

Stimmungsschwankungen, „Ausrasten", Aggressivität

ADHS-Menschen benehmen sich häufig wie das Rumpelstilzchen: Der kleinste vermeintlich ungerechte oder ärgerliche Umstand kann sie zu Zornausbrüchen bringen. Da sie es so schwer mit Ordnung und Organisation haben, kann man sie schon am Morgen durch die Zahnbürste im falschen Becher und den Kamm in einer anderen Schublade als sonst zu höchstem Zorn und Verzweiflung bringen. Vielfach haben sie ein Gespräch nicht richtig verfolgt und sind höchst verärgert über eine vermeintlich unannehmbare Äußerung des Gesprächspartners. Hoch aufschießende Emotionen sind bei ADHS nichts Besonderes. Für Nicht-ADHS-Partner kann die Neigung, sich übermäßig aufzuregen, zornig zu sein oder gar regelrecht wütend zu werden, Anlass zu viel Kummer sein. Mit einem explosiven Partner, bei dem man gewissermaßen immer auf dem Pulverfass sitzt, ist schlecht zu leben.

Die meisten Erwachsenen haben lernen müssen, Zorn und Wut nicht immer deutlich zu zeigen, sie ärgern sich deshalb nicht weniger. Unkontrollierte Wutausbrüche in der Familie und am Arbeitsplatz können zu verhängnisvollen Entwicklungen führen.

Niklas zum Beispiel hatte häufig Schwierigkeiten mit seinem Lehrherrn. Schon öfter hatte dieser ihn auf Fehlleistungen hingewiesen. Sehr ungerecht, wie Niklas fand. Als er wieder einmal „Zielscheibe der schlechten Laune des Ausbilders" wurde, warf er ihm zornentbrannt den „Kram" vor die Füße. Niklas versuchte noch bei mehreren Lehrherrn seine Lehre zum Abschluss zu bringen. Ohne Erfolg! Er scheiterte jedes Mal an seinen ungezügelten Emotionen.

Tina ist Hausfrau und mit der Ordnung, der Zeiteinteilung und der Versorgung des Babys überfordert. Sie ist verzweifelt über die Unordnung. Das Schreien des Säuglings und die Vorwürfe ihres Mannes bringen Tina völlig um ihre Selbstbeherrschung.

Wut ist stärker als Ärger. Wut ist immer ein Ausdruck von Frustration und Hilflosigkeit. Wütende Menschen können ungeahnte Kräfte entwickeln – leider meist negative. Wut entfaltet eine ungeheure Energie. Wut führt immer zu Ereignissen, die Menschen mit ADHS nicht gewollt haben. Das „Aufwachen" und Erschrecken nach einem heftigen Wutanfall ist für ADHS-Menschen schmerzlich. Die Erkenntnis: „Das habe ich nicht gewollt", kommt dann zu spät.

Was können Sie als ADHS-Mensch tun, wenn sie sich zu schnell aufregen, zu schnell wütend sind? Nachfolgend einige Tipps:

Negative Verhaltensmuster durchbrechen

Denken Sie daran, dass niemand perfekt ist und Sie als ADHS-Mensch ebenfalls nicht.

- Vereinbaren Sie z. B. feste Plätze für bestimmte Dinge, und stellen Sie sicher, dass sie am Morgen nicht nach Alltagskleinigkeiten suchen müssen.

- Wenn etwas unauffindbar zu sein scheint: Suchen Sie nicht nach dem Schuldigen, sondern bitten Sie lieber um Hilfe.
- Bauen Sie Spannung ab. Atmen Sie tief mehrmals ein und aus – gehen Sie anderen aus dem Weg, bis Sie sich besser fühlen.
- Identifizieren Sie „Ärgerprogramme", also Abfolgen von Verhaltensweisen, die immer wieder nach einem festen Schema abzulaufen scheinen. Legen Sie fest, wie Sie in Zukunft optimal reagieren.
- Programmieren Sie Ihr neues Verhalten, indem Sie es immer wieder in Gedanken durchspielen.

Klare und positive Gedanken

Wenn Sie zu häufigen Wutausbrüchen neigen, sollten Sie immer dann, wenn Sie merken, dass Sie die Kontrolle verlieren, in einen ruhigen Raum gehen. Sollte dies nicht möglich sein, gehen Sie auf den Speicher oder in den Keller – oder an die frische Luft. Laufen Sie, Sie können dabei ruhig weinen, schimpfen, stöhnen, jammern.

- Hängen Sie im Keller einen Boxsack auf und bearbeiten Sie ihn mit Ihren durch Boxhandschuhe geschützten Fäusten.
- In der Wohnung nehmen Sie ein Kissen und werfen es immer wieder an die Wand.
- Atmen Sie tief mindestens 15 Mal ein und aus.
- Gehen sie erst dann wieder zu ihren Mitmenschen, wenn der Zorn verraucht ist.
- Achten Sie darauf, dass Kinder Sie während des Wutanfalles nicht beobachten können.

Fragen Sie sich, ob Sie an den Umständen, die immer wieder zu Wutanfällen führen, etwas ändern können. Wenn dies nicht möglich ist, müssen Sie ihre Einstellung ändern.

Konzentrieren Sie sich auf Lösungsmöglichkeiten: Spielen Sie „Wutsituationen" häufig mit positiver Veränderung in Gedanken durch. Das wirkt entlastend und aufbauend.

Wenn Sie als ADHS-Berufstätiger am Abend zu Zornanfällen neigen, sollten Sie nach der Arbeit nicht gleich nach Hause gehen. Machen Sie einen Spaziergang und **füttern dabei ihr Unterbewusstsein mit klaren und positiven Gedanken**. Mit diesen schönen Bildern im Kopf können sie den Frustrationen besser trotzen.

Denken Sie daran, dass Alkohol oder Drogen ihre Situation nicht entspannen, sondern die Schwierigkeiten potenzieren.

Ordnung, Pausen und positive Gedanken gegen Erschöpfung und Überreizung

Die Hypersensibilität und Reizfilterschwäche bei ADHS führt bei Erwachsenen oft zu einem inneren Gefühl von mentaler Ermüdung und körperlicher Erschöpfung. Sie befinden sich quasi in einem ständigen Überreizungszustand. Immer wieder fühlen sie sich an den Grenzen ihrer Kraft. Ihr Körper signalisiert ihnen ein dringendes Bedürfnis nach Beruhigung und Entspannung und nach Erholung von quälenden Sinneseindrücken.

Ein ADHS-Patient – Universitätsprofessor – sagte, er könne nur dann eine akzeptable Arbeitsleistung erbringen, wenn er seinen Arbeitsplatz frei von Außenreizen halte. In seinem Studierzimmer befänden sich nur sein Schreibtisch, Schreibmaterial, Computer und die augenblicklich benötigte Literatur. Er arbeite grundsätzlich mit Ohrstöpseln. Nur so sei ihm Konzentration für einen längeren Zeitraum möglich. Er habe positive Erfahrungen mit der Entspannungstechnik „Progressive Muskelentspannung" gemacht. Diese helfe ihm in den kurzen Arbeitspausen, die jeweils nur einige Minuten dauerten. Wenn die Konzentration begänne stärker nachzulassen, helfe manchmal ein großes Glas Wasser und ein wechselwarmes Armbad nach Kneipp. Diese Maßnahmen ermöglichen dem Professor mit unbehandeltem ADHS, ein einigermaßen befriedigendes Arbeitsverhalten aufrechtzuerhalten.

Weitere gute Tipps, um den Arbeitstag besser überstehen zu können:

- Sorgen Sie mit guter Vorbereitung am Abend dafür, dass Sie am Morgen Zahnbürste und Waschutensilien, Kleidung, Frühstück (wenn Sie Medikamente einnehmen müssen, tun Sie es beim Frühstück oder schon vor dem Aufstehen), den Auto- und Wohnungsschlüssel, die Handtasche usw. am richtigen, dafür vorgesehenen Platz vorfinden.
- Versuchen Sie auf dem Weg zur Arbeit möglichst entspannt zu sein. Hören Sie im Radio Entspannungsmusik, die Sie von der einsetzenden Gedankenflut ablenkt. Wenn Sie Bus oder Bahn benutzen, können Sie einen tragbaren CD-Player benutzen.
- Versuchen Sie vor Erreichen des Arbeitsplatzes noch einige Schritte zu gehen und nehmen Sie zur Anregung ihres Kreislaufs die Treppe – nicht den Aufzug.
- Versuchen Sie sich am Arbeitsplatz vor unnötigem Lärm zu schützen.
- Büroarbeiter halten ihren Arbeitsplatz immer aufgeräumt und frei von unnötigen, ablenkenden Dingen.

Wer an seinem Arbeitsplatz sehr vielen Reizen ausgesetzt ist und das nicht ändern kann, sollte, wenn möglich, öfter eine kleine 5-Minuten-Pause einlegen. Dabei die Augen schließen und Ohrenstöpsel einsetzen. Stellen Sie sich gedanklich einen schönen Strand, Garten, eine Insel … vor. Sie liegen entspannt im Sand und die Sonne wärmt Sie sanft. Sie hören das Meer rauschen und fühlen sich wohl.

Eine solche Kurzentspannung kann man am Arbeitsplatz, in der Kantine, im Toilettenraum oder im Freien machen. Für Menschen mit ADHS sind solche Kurzvisualisierungen außerordentlich nützlich. Während einiger Minuten wird ein reizfreier Zustand geschaffen. Die nervliche Erregung klingt ab und der innere Druck – die Gereiztheit – verringern sich. Sie kehren mit einer wesentlich besseren Gedankenorganisation an ihren Arbeitsplatz zurück.

Während der Berufstätigkeit sollte man, wann immer es möglich ist, Nutzen aus der Kraft der positiven Gedanken ziehen, denn Gedanken, Gefühle, Hoffnungen bergen in sich eine große Kraft. Unsere Vorstellungen, Ziele und Handlungen sind weitgehend Ausdruck unseres in der Kindheit erworbenen Gefühlsgrundmusters. Wir reagieren in bestimmten Situationen oft noch wie damals, wie als kleines Kind. Wir fühlen uns schnell zu wenig beachtet, abgelehnt, ungerecht behandelt. ADHS-Menschen tappen besonders schnell in die Gefühlsfalle. Da sie aber gelernt haben, ihre negativen Gefühle zu verbergen, knirschen sie nur innerlich mit den Zähnen und lassen ihren Frust lieber am Abend beim Joggen raus.

Positive Gedanken bewusst einzusetzen kann das Leben mit ADHS leichter machen. Viele Dinge im Leben sind positiv, viele Eigenschaften und Fähigkeiten sind ein Pluspunkt. Sie zu erkennen und zu nutzen setzt große Energie frei. Alle positiven Gedanken haben, wenn sie zugelassen werden, ein verändertes Denken zur Grundlage. Die meisten ADHS-Menschen tragen ein inneres Wissen über ihre Ressourcen in sich. Doch der fast jedem innewohnende „Negativ-Junkie" torpediert sofort und gründlich die Wahrnehmung positiver Eigenschaften. Er nimmt sie nur oberflächlich zur Kenntnis und setzt neben jede positive Erfahrung sogleich eine negative.

Der Negativ-Junkie würde sagen:
- „Heute hat es geklappt, aber für morgen sehe ich schwarz."
- „Das wird sich nie ändern."
- „Nie kümmert sich mal jemand um mich."
- „Immer alles allein machen müssen ist schwer."
- „Keiner gibt mir Unterstützung."
- „Natürlich habe ich das wieder vergessen."
- „Ich schaffe das nie."
- „Typisch, alles bleibt an mir hängen."
- „Das kann auch nur mir passieren."

Positive Gedanken wie folgende sollen den Negativ-Junkie zum Schweigen bringen:
- „Das war heute klasse."
- „Das schaffst du schon."
- „Ich bin heute gut drauf."
- „Super, es war gar nicht so schwer."
- „Alles halb so wild."
- „Die Kollegin war wirklich nett."
- „Tolles Wetter heute."
- „Heute stimmt alles."
- „Das ging ja besser als gedacht!"

Wer dies unter Anleitung lernen und üben möchte, kann auch einen Kurs „positives Denken" oder „mentales Training" besuchen. Solche Kurse werden oft von den Volkshochschulen angeboten.

Hilfreich können auch positive Affirmationen wirken. Dabei handelt es sich um Merksprüche, die man im Kopf hat und sich immer wieder in Gedanken laut aufsagt. Sie können auf ein Blatt Papier geschrieben und an die Wand gehängt werden, sie können im Auto liegen, neben der Toilette hängen, am Kühlschrank kleben oder in der Geldbörse versteckt werden. Diese Merksprüche kann jeder für sich nach seinen Bedürfnissen formulieren. Da sich die Merksätze tief ins Bewusstsein einprägen sollen, müssen sie einfach strukturiert sein.

Ein Merksatz beginnt grundsätzlich in der Gegenwart, zum Beispiel: Heute kann ich, heute will ich, heute habe ich. Er bezieht sich ausschließlich auf den unmittelbar erlebten Zeitraum.

Beispiele:
- „Heute kann ich alles mit Geduld schaffen."
- „Heute achte ich gut auf die Zeit."
- „Heute bin ich bereit, mich von meinen negativen Glaubenssätzen zu trennen."

- „Heute habe ich Freude daran, liebevoll für mich selbst zu sorgen."
- „Heute liebe ich mich ein kleines bisschen mehr."

Affirmationen bleiben immer im Augenblick und formulieren **keine Langzeitziele.**
　Falsch ist also: „Ab nächster Woche werde ich gründlich aufräumen."
　Da der sich ständig erneuernde Augenblick der einzige stabile Punkt im dauernden Ablauf der Zeit ist, hat die **„Heute-Affirmation"** eine immer aktuelle Bedeutung.

Die Lieblingsaffirmationen der Autorin sind:
- „Ich bin gut, intelligent und kreativ."
- „Ich bin ein glücklicher Mensch."
- „Ich bin mit allen Menschen auf der Welt verbunden."
- „Ich bin allein verantwortlich für mein Handeln."
- „Ich glaube an mich und meine Kräfte."
- „Ich erreiche jedes von mir selbst gesteckte Ziel."

Organisation und Handlungsplanung verbessern

Aufräumen und ordnen

Ordnung zu schaffen und sich von nicht mehr Benötigtem zu trennen, ist für die meisten Menschen mit ADHS ein großes Problem. Viele versuchen ihr ganzes Leben lang vergeblich, rechtzeitig Rechnungen zu bezahlen oder wichtige Briefe zu beantworten, regelmäßig das Bad zu putzen oder die immer geöffneten Schranktüren wieder zu schließen. Die Badewanne läuft über, weil sie vergessen haben, dass sie das Wasser angestellt haben. Im Ofen verkohlt der Auflauf und schon wieder sind sie an der Post vorbeigefahren, ohne den Brief einzustecken. In der Wohnung herrscht ein peinliches Chaos und die Betroffenen brauchen den größten Teil ihrer Zeit, um verlegte Dinge zu suchen.

Nicht alle Menschen mit ADHS leben im Chaos, aber doch auffallend viele. Die meisten „Messies" haben ein ADHS.

Zum Beispiel Paula: Sie möchte den Christbaumschmuck vom Speicher holen. In der Küche, wo sie den Speicherschlüssel holt, sieht sie, dass das Katzenklo gesäubert werden muss. Sie macht es sauber, dann sieht sie den übervollen Mülleimer und bringt die Mülltüte nach draußen zur Tonne. Sie sieht die Nachbarin und lässt sich auf ein Gespräch ein. Ihr wird kalt – sie geht in die Wohnung zurück und sucht Taschentücher. Sie findet keine – ihr fällt ein, dass sie unbedingt einkaufen muss: Taschentücher fehlen schon lange und die Kleidung muss aus der Reinigung geholt werden, sonst fehlt der Anzug ihres Mannes am Wochenende. Sie sucht die Autoschlüssel, fährt hektisch los. Der Einkaufszettel liegt auf dem Beifahrersitz. Im Supermarkt fehlt der Einkaufszettel. Also zurück zum Ausgang – Paula holt den Zettel und merkt, dass sie die Münze für den Einkaufswagen nicht mehr in der Manteltasche findet. Sie wechselt Geld und kauft ein. Die Besorgungen, die auf dem Zettel stehen, sind erledigt. Paula hat noch etliche verlockende Sonderangebote mitgenommen. An der Kasse dauert es. Sie ist unruhig – sie will doch ihre Tochter von der Schule abholen und vorher kochen – sie beeilt sich.

Zu Hause in der Küche merkt sie, dass sie die Kleidung von der Reinigung nicht abgeholt hat. Taschentücher hat sie ebenfalls vergessen. Paula legt die Post, die sie vom Briefkasten mitgebracht hat, auf den Tisch – ein Brief vom Finanzamt: Paulas Autosteuer ist fällig. Sie legt den Brief auf den Stapel Rechnungen neben dem Fernseher. Ihr Blick fällt auf die aufgeschlagene Zeitung. Ihr fällt ein, dass sie versprochen hat, für ihren Mann eine Sportsendung aufzunehmen. Sie kramt nach einer Kassette – leider läuft schon die zweite Halbzeit, aber besser als nichts. Paula geht zur Toilette. Die Tochter hat mal wieder Haare in der Waschschüssel hinterlassen – Paula räumt das Badezimmer auf (hier hat alles seinen genauen Platz, deshalb wird sie fertig). Waschbecken und Duschkabine könnten mal wieder eine Generalreinigung vertragen, findet sie. Paula putzt mit Hingabe.

Fertig – ein Blick auf die Uhr; sie erschrickt: Die Tochter wartet schon eine Viertelstunde auf dem Parkplatz vor der Schule. Paula stürmt aus dem Haus. Vor der Schule angekommen, sieht sie ihre vorwurfsvolle Tochter. Wieder zu Hause merkt sie, dass noch kein Essen bereit steht, nicht einmal der Einkaufskorb ist ausgepackt. Hastig beginnt sie zu kochen. Ihre Tochter sieht sie an und sagt: „Mama, warum hast du immer so viel Stress – du hast doch den ganzen Vormittag Zeit!" Den Christbaumschmuck hat Paula vergessen, aber sie wundert sich über den Speicherschlüssel in ihrer Hosentasche.

Paula ist ein gutes Beispiel dafür, wie uneffektiv – weil planlos – Menschen mit ADHS arbeiten. Sie lassen sich in hohem Maße auch bei Alltagstätigkeiten ablenken. Weil sie ihre Zeit nicht ausreichend strukturiert haben und keine eindeutigen Ziele festlegen oder diese sofort vergessen, erscheint von Augenblick zu Augenblick alles gleichwertig. Paula hat eine lange Reaktionskette abgearbeitet, war am Ende gestresst und erschöpft und hatte doch manches nur halb und Wichtiges gar nicht erledigt. Das Schlimmste: Paula fühlt sich als Versagerin. Hatte sie sich nicht bemüht? War sie nicht die ganze Zeit in Aktion? Sie hat wirklich nicht auf der faulen Haut gelegen, sondern viel getan. Leider hat Paula sich keinen Tagesplan gemacht und dabei ihre Erledigungen nach Wichtigkeit geordnet. Hätte sie dies getan, sähe ihr Plan so aus:

1. Paula bringt die Tochter in der Schule und Paula will den Christbaumschmuck holen. Paula macht die Katzenkiste sauber.
2. Der Einkaufszettel wird durch „Taschentücher" und „Reinigung" ergänzt.
   Der Autoschlüssel befindet sich in ihrer Handtasche.
3. Bevor sie losfährt, stellt sie einen Wecker auf 11.00 Uhr.
4. Sie bringt die Mülltüte auf dem Weg zum Auto in die Tonne.
5. Paula grüßt die Nachbarin nur kurz, weil sie keine Zeit hat.
6. Paula kauft ein und kehrt mit den Sachen auf dem Zettel zurück.

7. Der Wecker klingelt – die Sportsendung wird aufgenommen.
8. Paula stellt den Wecker gleich neu ein: auf eine Viertelstunde vor Schulschluss der Tochter.
9. Paula geht ins Badezimmer – sie sieht auf den aufgehängten Putzplan und putzt, was an der Reihe ist.
10. Paula geht auf den Speicher und holt den Christbaumschmuck.
11. Paula packt den Einkaufskorb aus und bereitet das Essen vor.
12. Der Wecker klingelt, Paula stellt ihn ab und holt die Tochter rechtzeitig von der Schule ab.
13. Paula bringt die Post mit hoch. Die Briefe wird sie nach dem Essen lesen.

Mit richtiger Planung und zügiger Durchführung hätte Paula ihr Pensum ohne Stress erledigen können!

Gute schriftliche Vorplanung ist für alle Menschen mit ADHS ein Muss, wenn sie mit Ordnung und Organisation ein Problem haben. Wer früh aus dem Haus muss, plant immer abends oder spätestens sofort nach dem Frühstück. Der Haus- und Autoschlüssel und die Handtasche haben einen festen Platz. Am Abend wird noch einmal kontrolliert, ob die Einkaufsliste in der Tasche und die Schlüssel am Schlüsselbrett sind. Am Ende der Woche wird ein Wochenplan für die kommende Woche ausgefüllt. Alle wichtigen Termine, anfallende Arbeiten, angekündigter Besuch, Schulveranstaltungen usw. werden eingetragen. Niemals darf die Zeit zu mehr als 60 Prozent verplant werden. Sonst entstehen unerfüllbare Zielsetzungen und auf unerwartet eintretende Ereignisse kann nicht flexibel reagiert werden.

Für den Wochenplan benutzt man am besten ein fest gebundenes Heft. Das hat seinen festen Platz, damit es jederzeit griffbereit ist. Die Pläne sollten am Abend überprüft werden. Was erledigt wurde, wird abgehakt.

Paulas Wochenplan

Montag	Dienstag	Mittwoch	Donnerstag	Freitag	Samstag	Sonntag
6.30 aufstehen	6.30 aufstehen	6.30 aufstehen	6.30 aufstehen	6.30 aufstehen	ausschlafen	ausschlafen
Frühstück	Frühstück	Frühstück	Frühstück	Frühstück	10.00 Frühstück	10.00 Frühstück
Kind zur Schule	Kind zur Schule	Kind zur Schule	Kind zur Schule	Kind zur Schule	gemeinsam Kleidung in der Stadt kaufen	kochen
Einkaufen Aufräumen	Wäsche in die Waschmaschine	Einkaufsbummel	Wochenplan machen	Hausputz gemeinsam mit Putzhilfe	Kuchen kaufen	13.30 Essen
	Kochen für den nächsten Tag	Essen von gestern aufwärmen	bügeln, kochen	kochen	in der Stadt essen	
13.30 Essen	13.30 Essen	13.30 Essen	13.30 Essen	13.30 Essen		
Küche aufräumen	Küche aufräumen	Küche aufräumen	Küche aufräumen	Küche aufräumen	14.00 Kind zur Freundin	Pause

Pause	Pause	Pause	Pause	Pause	15.00 Freunde zu Kaffee und Kuchen	
Hausaufgaben-hilfe	Hausaufgaben-hilfe	Hausaufgaben-hilfe	Hausaufgaben-hilfe	Hausaufgaben-hilfe		16.00 Besuch bei Freunden
Wohnzimmer gründlich saugen, Staub wischen	15.00 Kind zum Schwimmen	14.00 zum Geburts-tag, Betten frisch beziehen	16.00 Oma kommt zum Kaffee	16.00 Vater spielt mit dem Kind und hilft bei den Haus-aufgaben		
	16.30 Kind abholen, Bad gründ-lich putzen	18.00 Kind abholen	Spiele mit Oma und Kind	ab 16.00 Großeinkauf für die Woche	19.00 Kind abholen	Oma kommt zum Kinder-hüten
19.00 Abendbrot	19.00 Abendbrot	19.00 Abendbrot	19.00 Abendbrot	19.00 Abendbrot	19.00 Abendbrot	19.00 Abendbrot
20.00 Kind ins Bett bringen	20.00 Kind ins Bett bringen	20.00 Kind ins Bett bringen	20.00 Kind ins Bett bringen	20.00 Kind ins Bett bringen	20.00 Kind ins Bett bringen	20.00 Kino

Kopiervorlage im Anhang

Für viele ADHS-Menschen ist das Ordnunghalten nicht das hervorstechende Problem. Sie leiden viel mehr unter ihrer Neigung, unangenehme Arbeiten (z. B. Rechnungen bezahlen, Kontoauszüge ordnen, Behördenbriefe beantworten) so lange wie möglich aufzuschieben. Rechnungen und andere Briefe wandern auf einen Stapel, der immer höher wird. ADHS-Menschen erledigen viele Arbeiten, die nicht unbedingt zu diesem Zeitpunkt getan werden müssten, nur um den Beginn einer ungeliebten Arbeit hinauszuschieben. Der Stapel mit Rechnungen wächst – und Mahnungen laufen ein.

Das Vergessen ungeliebter Arbeiten fällt ADHS-Menschen leicht, weil sie so extrem ablenkbar sind. Es gelingt ihnen in einem mitunter unglaublich scheinenden Maß, Wichtiges vollkommen aus ihren Gedanken zu verbannen. Sie tun dies nicht vorsätzlich, sondern sind ehrlich niedergeschlagen, wenn die negativen Konsequenzen des Aufschiebens zutage treten. Ihr Zögern und das Hinausschieben von Entscheidungen hängt sicherlich auch mit ihrem mangelnden Selbstvertrauen zusammen. Denn wer Entscheidungen treffen kann, ist selbstbewusst. Er hat das Leben im Griff, verfügt über Selbstkontrolle. Zerstreutheit und Vergesslichkeit sind ein Ausdruck der zerfließenden Aufmerksamkeit bei ADHS. Jede Ablenkung bringt die Betroffenen von ihrem ursprünglich verfolgten Ziel ab. Nicht nur beim Reden kommen sie vom Hölzchen aufs Stöckchen. Durch die zerfließende Aufmerksamkeit sind sie allen Reizen ausgeliefert. Jeder Gegenstand, jede Sinneswahrnehmung wie Hören, Sehen, Riechen, Schmecken, Tasten, Gleichgewicht erspüren, Bewegung empfinden, löst ununterbrochen Handlungsanreize aus.

ADHS-Menschen sind kaum in der Lage, sich selbst und die ihnen zur Verfügung stehende Zeit zu strukturieren. Da eine Handlung die nächste anbahnt, entsteht eine ununterbrochene Kette von Reaktionsreizen, die chaotisch und wenig effektiv zu vielen Aktionen, aber nicht zu sinnvoller Tagesgestaltung führt. Abhilfe schaffen hier nur gute Vorplanung und das Einhalten der Tagespläne. Kontrollen müssen engmaschig zwischengeschaltet werden, bis das veränderte Verhalten zur Gewohnheit geworden ist.

ADHS-Menschen neigen dazu, sich viel zu viele Arbeiten vorzunehmen. Am besten wird der Tag so strukturiert, dass er nicht mehr als zu 60 Prozent verplant ist (bei Berufstätigen geht das allerdings nicht). So bleiben genügend Pufferstunden als Reserve für unvorhergesehene Ereignisse.

Auch die Freizeitgestaltung sollte nach festen Regeln verlaufen. ADHS-Menschen neigen dazu, sich auch in der Freizeit mit zu vielen Aktivitäten zu belasten.

Wenn besondere Ereignisse bevorstehen – Geburtstagseinladung, Abendgäste, Besuch der Großeltern, Party, Spieleabend mit Erwachsenen usw., kann die Planung über einen strukturierten Planungsbogen erfolgen.

Paulas Projektplanung für besondere Anlässe

Projekt: 30. Geburtstag von Paula	**Termin:** 15. Juni
Nähere Bezeichnung: Party mit Tanzen ab 20.00 Uhr	**Wie viele Personen nehmen teil:** ca. 30 Personen
Wer und wie wird eingeladen: Freunde, Eltern, Schwiegereltern, Nachbarn	Hans schreibt die Einladungen über Computer und verschickt sie
Raum: eigener Partykeller **Raumkosten:** keine	**Wer hilft:** Oma, Hans, Peter + Frau, Nachbarin
Materialien: Gläser, genügend Stühle, eventuell von Oma, genügend Geschirr: leihen. Musik: macht Peter mit seiner Anlage. Dekoration: Krepppapier, Girlanden, Luftschlangen, weiße und bunte Servietten, Blumen, Kerzen	**Kostenrahmen:** möglichst nicht mehr als 150 Euro Kostenvorplanung wird extra erstellt

Bewirtung:	
Sekt zur Begrüßung ca. 7 Flaschen, ca. 5 Flaschen Wein 1 Flasche Korn, 2 Kisten Bier, 1 Kiste Cola, 3 Flaschen Orangensaft, 1 Kiste Wasser, 3 Flaschen Apfelsaft	5 Tüten Knabbereien Gyrospfanne für 15 Pers. wird selbst gemacht Schnitzelpfanne für 15 Pers. wird selbst gemacht Kartoffelsalat für 15 Pers. macht Oma Partysalat für 15 Pers. macht Oma
Ablauf und Inhalt:	
Begrüßung + Hans hält eine Rede + Paulas Kolleginnen haben Sketche vorbereitet + Neffe Tim u. Freunde machen eine Einlage mit der Band + Paulas Gesangverein bringt ein Ständchen + Peter bedient die Musikanlage	Das Kind schläft bei der Oma. Der Hund wird kurz vorher von Hans ausgeführt und dann in einem ruhigen Raum untergebracht. Tina sieht die Toilette regelmäßig nach und sorgt für genügend Handtücher und Seife.

Kopiervorlage im Anhang

Paulas Checkliste für Feste

- Was feiern wir?
- Wann feiern wir?
- Wo feiern wir?
- Wie viele Personen feiern mit?
- Was wird gegessen?
- Was wird getrunken?
- Was gibt es nach dem Essen?
- Womit wird dekoriert (Kerzen, Blumen, Servietten)?
- Ist genügend Geschirr vorhanden?
- Gibt es Ausnahmen beim Essen (Peter ist Vegetarier)?
- Was muss eingekauft werden?
- Wie viel darf es kosten?
- Gibt es ein Rahmenprogramm?

- Was muss organisiert werden?
- Wann wird eingeladen?
- Wer wird eingeladen?
- Wer schreibt und verschickt die Einladungen?
- Wer hilft mit?

Schwächen in Stärken verwandeln

Suchen? Jetzt nicht mehr! Tipps

Aufräumen, aussortieren und neu ordnen fängt für Menschen mit ADHS mit drei vorlaufenden Problemen an:

Erster Hemmschuh: Die Desorganisation wird nicht wahrgenommen.

Zweiter Hemmschuh: Die Desorganisation wird nicht als den Lebensvollzug behindernd empfunden.

Dritter Hemmschuh: Der Entschluss zur Änderung der Desorganisation kann nicht – oder nur gegen großen Widerstand gefasst werden.

Viele – vor allem auch junge – Erwachsene leben in einem das übliche Maß weit übersteigenden Chaos. Ein Student berichtete mir von täglichen Panikanfällen und Wutausbrüchen beim morgendlichen Verlassen der Wohnung. Obgleich diese täglichen Desaster am frühen Morgen sich auf seine Stimmung und Leistungsfähigkeit am Tag negativ auswirken, fand er monatelang keinen Ausweg aus dem Dilemma. Es war ihm einfach nicht möglich, den Auto- und Hausschlüssel nach dem Wiederbetreten seiner Wohnung *sofort* in die Vortasche seines Rucksacks zu stecken. Er fand schließlich eine praktikable Lösung: Das Schlüsselbund wurde an einem großen Ring befestigt. An diesem befand sich ein relativ langes, stabiles Gummiband.

Das Gummiband wiederum war dauerhaft in der Innentasche des Rucksacks befestigt. Der Student konnte so mit „angeseiltem" Schlüsselbund Auto fahren. Am Abend blieb das Schlüsselbund mit dem Rucksack – ohne den er das Haus nie verließ – verbunden und war am Morgen zur Stelle.

ADHS-Menschen empfinden einen großen Leidensdruck durch die *Auswirkungen* von Unordnung und Desorganisation. Fragt man sie nach den Ordnungsprinzipien in ihrer Wohnung, so schildern sie den chaotischen Zustand als einen akzeptablen Ausdruck ihrer Persönlichkeit. Es störe sie nur, ständig nach Dingen des täglichen Gebrauchs suchen zu müssen. Die Desorganisation in der Lebensumgebung ergibt sich zum einen aus dem besonderen Wahrnehmungsstil der Betroffenen, zum anderen entspricht sie der Desorganisiertheit der umherschweifenden Gedanken. Die Schwierigkeit, die Aufmerksamkeit nicht oder nur mangelhaft auf Vorgänge lenken zu können, die wenig positiven Anreiz bieten und zudem negativ besetzt sind, mag ein Grund für die Unfähigkeit sein, ein praktikables Ordnungsverhalten einzuüben.

Um Unordnung wahrnehmen zu können, brauchen ADHS-Menschen Hilfe. Schuldzuweisungen verstärken nur die Tendenz, das Chaos lieber erst gar nicht angehen zu wollen. Ein einfühlsamer Freund/Freundin wird keinen vorwurfsvollen Blick auf verschimmelte Äpfel unter dem Bett und den angetrockneten Makkaroniteller auf dem Fernseher werfen. Er oder sie wird vielmehr kleine Teilziele formulieren, z. B.: Heute suchen wir gemeinsam alle Wäsche, Kleidungsstücke und Schuhe, die in der Wohnung verstreut sind und bringen sie zur Waschmaschine, in den Kleiderschrank und die Kommode. Danach wird eine Pause gemacht und bei entspannter Musik ausgeruht. ADHS-Menschen werden schon nach einer Aktion ziemlich erschöpft sein. Wenn noch Kraft und Motivation vorhanden sind, kann das nächste Teilziel in Angriff genommen werden.

So kann langsam ein Bewusstsein für die eigene Umgebung trainiert werden.

Die größte Schwierigkeit besteht in der Überwindung des dritten Hemmschuhs: Der ADHS-Mensch kann das Chaos nicht verändern wollen. Das hat Gründe in der Lebensgeschichte. Die meisten Betroffenen haben seit ihrer Kindheit extreme Probleme mit Ordnung und Organisation. Sie sind dafür ermahnt, mit Vorwürfen belegt, gestraft, beleidigt und als Mensch herabgewürdigt worden. Sie haben Ordnung halten und herstellen als eine extrem angst- und schambelastete Handlung erlebt. Immer, wenn sie allein aufräumen sollten, fühlten sie sich hilflos und unfähig. Sie taten es unter Druck und unter dem Nachhall der vorhergegangenen Strafpredigt. Aufräumen war daher nicht nur mit Angst- und Schuldgefühlen verknüpft, sondern auch von Gefühlen der Selbstverachtung und Aggression begleitet – und das mehr als einmal. Da bei ADHS eine veränderte Wahrnehmung besteht, sind Aufräumen und Ordnunghalten extrem anstrengend.

Das Gefühl, schuldig und unfähig zu sein, führt schon früh zu einem ausgeprägten Vermeidungsverhalten: Was ich lieber gar nicht wahrnehme und anfange, tut mir auch nicht weh.

Die Angst davor, mehr Alltagskompetenz einzuüben, kann nur durch Erfolgserlebnisse und in sehr kleinen Schritten überwunden werden. Wenn es einmal gelungen ist, selbstständig alle Küchenutensilien in die Küche, alle Reinigungsmittel in den Schrank und alle Briefe in einen Ordner abzulegen, ist schon viel gewonnen. Eins nach dem anderen und in kleinen Schritten können dann die negativen Gefühle aus der Kindheit- und Jugend durch Erfolgserlebnisse ersetzt werden. Alte Wunden schließen sich mit dem Gefühl: Super, geschafft!

ADHS-Menschen sollten sich als Erstes in ihrer Wohnung umschauen und Raum für Raum festlegen, was speziell in den einzelnen Zimmern gebraucht und aufbewahrt werden soll. Dabei sollten sie bedächtig vorgehen. Auf keinen Fall darf innere Spannung (Stress) aufkommen. Es wäre gut, wenn ein vertrauter Mensch anwesend ist. Diese Person darf sich selbst auf keinen Fall führend einbringen. Sie sollte sich sehr zurückhalten und höchstens – vorsichtig – Verbesserungsvorschläge machen.

Wenn mit der Küche begonnen wird, startet man mit einer Suchaktion nach Küchenutensilien, Nahrungsmitteln, Geschirr, Besteck usw. zuerst in einem Raum, dann in allen weiteren. Ein Müllsack wird bereitgehalten, in den alle leeren Getränke- oder Milchpackungen und jeglicher Müll, der bei der Suchaktion zutage kommt, geworfen werden. Alle Küchenutensilien wandern in einen großen Karton oder Wäschekorb. Wenn alle Räume nach Küchenutensilien oder Lebensmitteln durchforscht sind, wird der Karton in die Küche gebracht. Alle Gegenstände werden jetzt richtig eingeordnet. Hierbei kann der vertraute Begleiter hilfreich sein. Als sehr erfolgreich und entlastend haben sich in der Schublade, Schranktür usw. befestigte Schildchen erwiesen, die Auskunft darüber geben, was hier seinen Platz hat. Übrigens: Beschriftungen sollten nie handgeschrieben, sondern am besten mit dem Computer fett und groß gedruckt werden. Sie müssen unbedingt fest aufgeklebt oder gut befestigt sein, sonst verschwinden sie nach kürzester Zeit.

Wegwerfen befreit. Tipps

Bevor man beginnt, wählt man den Raum aus, den man vom verwirrenden, überflüssigen Ballast befreien will. Man besorgt sich drei Kartons, denn es soll nach der „Mount Vernon-Methode" der „Messie"-Fachfrau Sandra Felton vorgegangen werden.

In den ersten Karton kommt alles, was weggeworfen wird. In den zweiten Karton kommt alles, was man verschenken will. In den dritten Karton kommt alles, was man behalten will.

Machen Sie sich einen Plan, wo Sie anfangen wollen. Arbeiten Sie sich langsam durch den betreffenden Raum. Sortieren Sie alles aus, was Sie in den letzten zwei Jahren nicht gebraucht haben. Verschenken Sie alles, was überflüssig ist oder ihnen nicht gefällt. Werfen Sie alle aussortierten Gegenstände in die entsprechenden Kisten. Schauen Sie danach nicht mehr hinein. Der Müllkarton wird sofort entsorgt.

Der Verschenkkarton sollte ebenfalls schnellstens aus dem Haus. Kennen Sie Flohmarktfans? Diese nehmen ihnen den Karton gerne ab. Sie können die Kartons aus allen Zimmern (wenn Sie sich durchgearbeitet haben), im Keller stapeln. Die Kirchengemeinde nimmt sie für einen Basar.

Eine Kleinanzeige in der Zeitung mit „Zehn Flohmarktkartons (gefüllt) abzugeben" erfüllt ihren Zweck und bringt möglicherweise noch Geld für ein Erfrischungseis nach der Plackerei ein.

Wie ein Coach hilft

Dass Aufräumen, Aussortieren und Ordnen bei ADHS auch deshalb besonders schwierig ist, weil der Entschluss zum Anfangen so überaus schwer zu fassen ist, haben wir schon an anderer Stelle besprochen. Die extremen Unlust- und Abwehrgefühle können am besten überwunden werden, wenn eine belastbare, positiv zugewandte und unterstützende Person – ein Coach – ihre Hilfe anbietet. Bereits die akzeptierte Anwesenheit dieser Person kann verstärkend wirken und hilft dem ADHS-Menschen, eine ungeliebte Arbeit getan zu bekommen.

In der Industrie und Wirtschaft ist der Begriff des Coaching nicht neu. Manager und Führungskräfte oder das Personal ganzer Abteilungen können von einem professionellen Coach trainiert werden. Dabei geht es um Probleme, die akut geworden sind und die nicht oder nur schwer allein gelöst werden können. Ein Coach ist ein diskreter und neutraler Berater und unterliegt nicht den Interessen Dritter.

Ein Coach ist kein Therapeut, sondern gibt seinen Klienten ein begründetes und ungeschöntes Feedback ihrer Handlungen. Das Grundziel des Coaching **ist Hilfe zur Selbsthilfe und die Förderung von Verantwortung. Alltagskompetenz und die Fähigkeit zur Selbstreflexion können eingeübt werden**. Ein Coach hilft dem Klienten, die eigenen Möglichkeiten besser zu erkennen, sie einzusetzen und zu nutzen. Dabei wird die Selbstwahrnehmung des Klienten geschärft, sein Erleben und Verhalten verbessert.

Ein guter Coach wird keine direkten oder vorgefertigten Lösungsvorschläge anbieten, sondern darauf bedacht sein, dass sein Klient eigene Lösungen entwickelt, die sich aus dem Feedback des Coachs und der verbesserten Selbsteinsicht des Klienten ergeben.

Ein Coach ist also in erster Linie ein Helfer zum Aufarbeiten von Problemursachen für Menschen, die dies nur unzureichend allein bewältigen können. Deshalb bedeutet Coaching nicht nur die Bearbeitung von Problemsymptomen an sich, sondern auch das Erkennen und Lösen der zum Problem führenden Prozesse.

Wenn es dem Klienten gelungen ist, selbst die Ursachen für bestimmte Probleme zu erkennen, können diese mit Hilfe des Coachs effektiv bearbeitet werden. Im Idealfall lernt ein Klient nicht nur, seine Probleme zu erkennen, sondern auch, sich klare Vorstellungen über seine Ziele zu machen. Er lernt, diese Ziele in realistischen Schritten zu erreichen und erwirbt so zunehmend Handlungssicherheit.

> Der Coach nimmt dem Klienten keine Arbeit ab, sondern befähigt ihn durch Zuhören, Zusehen und Feedback zu besserer Selbststeuerung und Konfliktbewältigung.

Auch wenn bislang noch selten spezielle Coachingmöglichkeiten durch professionelle Helfer bei ADHS angeboten werden, wäre es sehr wünschenswert, dass Psychologen oder Verhaltenstherapeuten diese Aufgabe übernehmen würden. Der Lebenspartner, ein guter Freund/eine Freundin oder andere Menschen mit ADHS – die bereits durch Therapien zu guter Handlungsfähigkeit gefunden haben – **könnten bei guter Eignung und Beachtung der Coaching-Grundregeln durchaus als Coach fungieren.** So könnten Betroffene sich gegenseitig helfen.

Ein guter Coach sollte dem ADHS-Menschen am Ende z.B. einer Aufräumaktion immer ein deutliches Feedback geben. Dabei beachtet er unbedingt:

- nie besserwisserisch aufzutreten,
- neutral und angemessen ehrlich Feedback zu geben,
- die realistische Selbsteinschätzung des anderen zu fördern,
- die Grenzen des Klienten zu respektieren
  (nicht überfordern, realistische Ziele setzen),
- immer konkret zu bleiben
  (bestimmte Verhaltensweisen, konkrete aktuelle Situationen),
- die Persönlichkeit des Klienten zu achten und zu respektieren,
- positive Verhaltensweisen hervorzuheben, zu loben,
- das Ergebnis zusammenzufassen und eventuelle Missverständnisse auszuräumen.

Während Coaching im Bereich der Wirtschaft und der Managerschulung ein fester Bestandteil der Mitarbeiterschulung ist, ist es in Deutschland im privaten Bereich für Einzelpersonen eine noch wenig angebotene Dienstleistung. Am ehesten erfüllen Familienhelfer der Jugendämter eine vergleichbare Aufgabe, wenn es darum geht, das Problemverhalten von Eltern und Kindern in der Familie positiv zu beeinflussen.

Bei stark ausgeprägtem ADHS ist Coaching die Voraussetzung dafür, dass sich positive Entwicklungen in der Alltagskompetenz überhaupt erst anbahnen können. Auch wenn sich durch medizinische und therapeutische Behandlungen erstaunliche Verbesserungen ergeben können, sind doch alte Verhaltensmuster tief eingeschliffen und müssen in einem langen Prozess von Übung und Wiederholung abgebaut werden.

Gemeinsam mit dem Coach Strategien entwickeln und Handlungskompetenz erreichen: die Rafael-Methode

Ein Coach wird gemeinsam mit dem ADHS-Menschen ein konkretes Ziel festsetzen und den Weg dorthin in konkreten Schritten planen.

1. Schritt: *Das Ziel festlegen* (das Bad aufräumen, Pünktlichkeit beim Arztbesuch, Einkauf planen, Reise planen …).

2. Schritt: *Die Realität prüfen* (Wie ist die aktuelle Situation? Was ist möglich?).

3. Schritt: *Optionen erkennen* (was kann ich, was ist realistisch, Durchführbarkeit, Realitätsnähe, auch alternative Strategien).

4. Schritt: *Was wird wann von wem in fester Absicht getan?* (Fest umrissener Arbeitsplan, Entscheidungen).

Wenn diese Punkte geklärt sind, kann der Klient seine Planung schriftlich festlegen. (Dies ist bei ADHS unbedingt notwendig, da schnelles Vergessen ja ein grundlegendes Merkmal der Aufmerksamkeitsschwäche ist!)

Vgl. dazu Schema auf Seite 106 f. und im Anhang.

Wenn die Vorplanung gründlich und realistisch genug war, sind damit viele Schwierigkeiten schon im Voraus ausgeräumt. Der ADHS-Mensch hat die Situation in allen Einzelheiten mehrfach gedanklich durchgespielt. Er hat auch an eventuelle Schwierigkeiten und Alternativen gedacht. Er hat seine innere Bereitschaft zur Durchführung geklärt und die Planung auf unerwartete Hemmnisse überprüft.

Wenn die Aufgabe durchgeführt ist, sollten gemeinsam mit dem Coach folgende Fragen in der Rückschau besprochen werden: hier kann die „Rafael-Methode"* eingesetzt werden:

R eport
A lternativen
F eedback
A austausch
E rarbeitung von
L ösungsschritten

---

* Nach E. Hauser, Coaching von Mitarbeitern, in: L.v.Rosenstiel, E.Regnet, M.Domsch (Hrsg.), Führung von Mitarbeitern. Handbuch für erfolgreiches Personalmanagement, Stuttgart, 2. Aufl. 1993, S. 231 f. Bearbeitet von Ch. Rauen, in: Ch. Rauen, Coaching: innovative Konzepte im Vergleich, Göttingen 1999, S. 181.

Report: „Wie haben Sie die Situation erlebt?"
Der Coach analysiert hier die Wahrnehmung und Beurteilung des Klienten bezüglich einer Situation und seines Verhaltens. Stimmt die Selbstwahrnehmung des Klienten mit der des Coach nicht überein, sollten entsprechende Unterschiede besprochen werden.

Alternativen: „Was würden Sie beim nächsten Mal anders machen?"
Der Klient wird ermutigt, nach Alternativen für eine Zielerreichung bzw. neuen Zielen zu suchen. Dadurch sollen Veränderungen ermöglicht werden, die zu einem neuen Verhalten führen.

Feedback: „So habe ich Sie erlebt."
Der Klient bekommt ein Feedback, das die positiven und negativen Aspekte seines Verhalten thematisiert. Letzteres ist für ein Feedback unerlässlich, weil ausschließliches Loben eher als unrealistische „Schmeichelei" aufgefasst wird.

Austausch: „Welche Dinge sehen wir verschieden?"
Unstimmigkeiten zwischen dem Report des Klienten und dem Feedback des Coach werden besprochen. Die verschiedenen Auffassungen und die Gründe dafür werden thematisiert und analysiert. Dieser Vergleich von Selbst- und Fremdwahrnehmung ist der Ausgangspunkt für neue Einsichten und Erfahrungen.

Erarbeitung von Lösungsschritten: „Was ist als Nächstes zu tun?"
Die Konsequenzen aus dem Gespräch werden diskutiert und konkrete Möglichkeiten, gesetzte Ziele zu erreichen, werden besprochen.

Ein verantwortungsvoller Coach wird alle Punkte der Planung und später die Ergebnisse mit dem Klienten genau analysieren. Durch die intensive Problemanalyse wird ein Problem umfassend und genau beschrieben. Mögliche Schwachpunkte können im Nachhinein analysiert werden.

Der ADHS-Mensch wird ermutigt, gemeinsam mit dem Coach Lösungswege zur Vermeidung von zukünftigen Schwierigkeiten zu suchen. Nach den hier vorgestellten Schemata können später die Planung und Überprüfung selbstständig durchgeführt werden. So können Menschen mit ADHS lernen, ihre Handlungen nach allen Seiten zu prüfen. Sie werden langfristig feststellen, dass Erfolg auf diese Weise machbar wird und Situationen beherrschbar sind. Die Handlungs- und Alltagskompetenz steigert sich erheblich. **Die unüberlegte Spontaneität in den Handlungen und/oder das Zögern sowie die quälende Entscheidungsschwäche können auf diese Weise Schritt für Schritt überwunden werden.**

Paulas Planungsschema für einen Arztbesuch

Paula will zur Lösung ihrer ADHS-bedingten Alltagsprobleme einen Arzt aufsuchen. Damit alles reibungslos klappt, kann sie sich mit folgendem Planungsschema helfen:

Was werde ich tun? Ich möchte meine ADHS medizinisch behandeln lassen. Ich suche den Spezialisten auf.	**Warum werde ich es tun?** Die Alltagsschwierigkeiten wachsen mir über den Kopf.
Wann werde ich es tun? Ich rufe am 10.4. um 8.30 Uhr in der Arztpraxis an.	**Termin festlegen,** (hier eintragen, wenn erhalten) **Termin am:**
Wie viel Zeit brauche ich zur Vorbereitung? Abhängig davon, wann der Arzttermin ist. Sonst ca. 8 Tage.	**Realistischer Zeitrahmen** Ich rufe sofort nach Erhalt des Termins meinen Bruder an, er leiht mir sein Auto. **Anruf am:**

Wer unterstützt mich? Mein Coach, er ruft mich am Abend vorher an. Wir besprechen die Einzelheiten. Freund Peter unterstützt mich.	**Personen, Sachmittel, Ressourcen** Alte Schulzeugnisse raussuchen sowie wichtige Befunde anderer Ärzte. Meine Fragen aufschreiben, die Medikamente, die ich nehme, aufschreiben.
Wen muss ich informieren? Die Nachbarin, sie kümmert sich um den Hund.	**Personen, Institutionen** Coach anrufen, Termin mitteilen! Arbeitgeber, 1 Tag frei nehmen! Sofort nachdem Termin erhalten!
Welche Hindernisse könnten eintreten? Auto kann nicht geliehen werden. Vorsichtshalber öffentliche Verkehrsverbindungen erkundigen (Bahnverbindung, Kosten).	**Ich selbst, andere Personen, Umstände** Ich verschlafe, bin krank, ich verspäte mich, Tel.-Nr. des Arztes griffbereit an der Pinnwand.
Welche alternativen Ideen habe ich? Ich fahre früher und sehe mir vorher die Gegend an. Mein Freund Peter fährt mich hin.	**Ideen, Gedanken** Ich hätte gerne Begleitung. Ich bin neugierig, was mich erwartet.
Will ich die geplante Aktion wirklich durchführen? Ja, denn ich will endlich ernsthaft etwas ändern.	**Alternativen** Ich könnte einen Volkshochschulkurs „Bessere Konzentration" machen.

Kopiervorlage im Anhang

Auf den Punkt gebracht:
Coaching – die ermutigende Betreuung

- Ein Coach ist jemand in der Nähe, der sich um den ADHS-Menschen kümmert.
- Ein Coach hilft ADHS-Menschen, die Alltagsaufgaben und die zur Verfügung stehende Zeit zu organisieren.

- Ein Coach gibt ein neutrales Feedback und hilft, die Selbstwahrnehmung zu verbessern.
- Ein Coach ist neutral. Er ist kein Besserwisser oder macht Vorwürfe.
- Er nimmt keine Arbeit oder Entscheidung ab. Er gibt ausschließlich Hilfe zur Selbsthilfe.
- Ein Coach kann ein Freund, Kollege oder ein Therapeut sein. (Der Lebenspartner ist nur dann geeignet, wenn die Beziehung stabil und belastbar ist und die Bedingungen des Coaching bekannt sind und angewendet werden.)
- Coaching ist unverzichtbar, wenn
  - das Syndrom sehr stark ausgeprägt ist,
  - in der Therapie auf entsprechende Medikamente verzichtet wird,
  - der ADHS-Betroffene in einem hohen Maße unorganisiert ist („Messie"; Zeitprobleme),
  - die Selbststeuerung des Betroffenen völlig ungenügend ist (Verwahrlosungstendenz, nicht mehr arbeitsfähig).

Hohe Ablenkbarkeit begrenzen

Menschen mit ADHS nehmen viele Reize unvollkommen, undeutlich oder gar nicht wahr. Meist handelt es sich dabei um Reize, deren Wahrnehmung nicht durch Interesse und positive Gefühle verstärkt werden. Gleichförmige Arbeiten, die wenig Reize bieten und lustlos gemacht werden, stimulieren das Hirn nur gering. In der Folge sinkt die Aufmerksamkeit weiter ab. Im Laufe der Jahre haben sich ADHS-betroffene Kinder und Erwachsene unbewusst Gegenmaßnahmen antrainiert: Sie sind ständig auf der Suche nach dem stimulierenden Superreiz, der ihr Gehirn anregt und damit die Aufmerksamkeit wach hält. Bei Kindern kann dies übertriebene Bewegung (Zappeln) sein oder eine übersteigerte Offenheit gegenüber Sinnesreizen in der Umgebung.

Auch bei Erwachsenen ist die Reizsuche zur Stimulierung der Hirnfunktion deutlich vorhanden. Dies ist auch notwendig, da Erwachsene in der beruflichen Tätigkeit häufig relativ reizarmen, monotonen Arbeitsbedingungen ausgesetzt sind. Große Reizoffenheit und Selbststimulation hat also ihren Sinn – sie hilft, Aufmerksamkeit herstellen und zu halten.

Reizoffenheit in einer wenig strukturierten, viele Reize bietenden Umgebung wird immer dann zum großen Nachteil, wenn es um das längerfristige Halten von Aufmerksamkeit geht.

Stellen Sie sich einen Arbeitsplatz an einer der Kassen eines großen Kaufhauses vor. Die Kassiererin ist ununterbrochen den verschiedensten Reizen ausgesetzt:

hören	Sie hört, was die Kunden und Kollegen sprechen, sie hört die Kasse, sie hört die Hintergrundmusik, sie hört die Ansagen über die Lautsprecher.
riechen	Sie riecht die Gerüche aus dem Erfrischungsraum, sie riecht die Menschen.
sehen	Sie sieht die Kunden und ihre große Umgebung in der Kaufhaushalle, sie sieht helles Licht und die Leuchtreklame, die Waren.
fühlen, tasten	Sie fühlt den Stuhl unter sich, sie fühlt die Tasten der Kasse und das Geld, sie fühlt Bewegungsdrang.
negativer Stress	Sie arbeitet unter Stress und fühlt sich überreizt.

Diese vielen Reize werden bei ADHS nur wenig gefiltert. Zu viele werden nicht im Vorfeld gehemmt und unterdrückt. Das Hirn muss eine übermächtige Anzahl von ungefilterten Reizen bearbeiten, es steht unter Stress. Zu dieser ungefilterten Wahrnehmungsflut kommt unter Umständen noch psychische Belastung hinzu.

Unter innerem und äußerem Stress kann ein Mensch mit ADHS keine ausreichende Konzentration mehr aufbringen. Die Folgen sind Blockierung und Aufmerksamkeitsmängel. Dadurch wiederum schleichen sich Fehler in die auszuführenden Tätigkeiten ein.

Ein Mensch mit ADHS wird in einer an Reizen so reichen Umgebung fehl am Platz sein. Er sollte sich einen anderen Arbeitsplatz suchen.

Im zweiten Versuch ist unser ADHS-Mensch im Empfangsbereich einer Anwaltskanzlei beschäftigt: Die Arbeitsumgebung ist konzentrationsfördernd. Die Sekretärin sitzt am Empfang:

sehen	Sie sieht eine begrenzte Anzahl von Klienten, sie sieht ihren Chef, der kurze Anweisungen gibt, sie sieht ihren Computerbildschirm, sie sieht ihr kleines, helles Büro.
spüren, tasten	Sie spürt ihren Stuhl, den Teppichboden und die Computertasten, sie spürt Bewegungsdrang.
riechen	Sie riecht frische Luft, sie riecht eventuell Parfüm von Klienten.
hören	Sie hört nur die Klienten, ihren Chef und das Telefon.
Stress	Sie hat keinen Stress und erledigt die Arbeiten.

Eine Sekretärin ohne ADHS wird in einer derart konzentrationsfördernden Umgebung gut bei der Sache sein. Ein ADHS-Mensch ebenfalls? Nein, die ADHS-Sekretärin wird sich am Ende des Arbeitstages über ihre Müdigkeit und mangelnde Konzentration Sorgen machen.

Ein Arbeitsplatz mit sehr wenig Reizen wirkt zu wenig stimulierend. Wenn zu wenig Stimulation vorhanden ist, kann wiederum nicht genügend Aufmerksamkeit aufgebracht werden.

Die Folge: Die Arbeitsleistung leidet und der Mensch fühlt sich unkonzentriert, müde erschöpft.

> Zu viele Außenreize fördern die Konzentrationsfähigkeit nicht, zu wenig Reize haben denselben Effekt.

Grundsätzlich ist ein Arbeitsplatz in relativer Reizarmut bei ADHS sicher die bessere Lösung – im Gegensatz zu einer Arbeitsumgebung mit einer besonderen Häufung von vielfältigen Reizen.

Wie hätte die Rechtsanwaltssekretärin in relativ reizarmer Umgebung ihre Möglichkeiten zur Aufmerksamkeit und Konzentration verbessern können?

Verbessernd wirkt:

riechen	Zitronen- oder Orangenaroma in einer Duftlampe, öfter Fenster öffnen.
hören	Telefonklingel laut stellen, leise Hintergrundmusik.
fühlen, tasten	Ab und zu einen Knetball oder einen „Igelball" (Ball mit vielen Kunststoffnoppen) kneten.
bewegen	Immer mal wieder aufstehen, Kniebeugen, isometrische Übungen machen, eine Treppe hinauf- und hinablaufen, Kaffee kochen.
schmecken	Saure Bonbons, lutschen, Kleinigkeiten essen, viel trinken, Kaugummi kauen.
sehen	Plakat mit einem Wasserfall oder andere Naturbilder an die Wand hängen, farbige Bildschirmschoner installieren.
Strukturen geben	Bestimmte Zeitfristen setzen (bis 10.00 Uhr müssen die Telefonate erledigt sein).

Ein bestimmtes Ausmaß an Reizen ist zum Halten von Aufmerksamkeit unbedingt notwendig, um das Gehirn „wach" zu halten. Die Stimulation muss ausgewogen sein, nicht zu stark und nicht zu schwach. Das Optimum liegt – wie so oft – in der Mitte. Um wach und arbeitsfähig zu sein, benötigt das Hirn ständig Anreize. Diese sollten bei ADHS wohl dosiert sein und aus mehreren Bereichen unserer sechs Sinne stammen. Doch auch die Gefühlsebene ist zum Halten von Aufmerksamkeit wichtig: wenn Tätigkeiten mit positiven Gefühlen verknüpft werden, können sie deutlicher wahrgenommen und dauerhafter abgespeichert werden. Humor haben, innerlich lächeln, sich auf etwas freuen, über einen Witz herzlich lachen kann dabei helfen, im Beruf und auch privat bessere Leistungen durch Aufmerksamkeit und Konzentration zu erreichen. Vorteilhaft ist das Pflegen guter Beziehungen zu den Kollegen. Wenn man versucht, deren Schwierigkeiten und Eigenarten zu verstehen, schafft man ein Klima des Verständnisses und der Akzeptanz für sich selbst, auch wenn durch ADHS immer wieder Probleme auftreten können.

Der richtige Arbeitsplatz

Menschen mit ADHS haben es oft nicht leicht, einen Arbeitsplatz zu finden, der ihren Möglichkeiten, konzentriert arbeiten zu können, entspricht. Abgesehen von der eigenen Qualifikation und den finanziellen Ansprüchen sollte ein guter Arbeitsplatz für Menschen mit ADHS die richtige Mischung von Stimulation und Nicht-Stimulation bieten.

Eine **Arbeitsplatzanalyse** hilft, ungute Erfahrungen zu verhindern. Man schreibt alle Arbeitsbedingungen sorgfältig auf.

Man sollte Überlegungen zu den eigenen, individuellen Arbeitsbedingungen anstellen und aufschreiben (Schema gegenüberliegende Seite).

Ein Vergleich gibt Klarheit, ob der Arbeitsplatz geeignet ist.

Darüber hinaus soll die Frage nach Stressbelastung gestellt werden. Ist diese zu hoch, ist der Arbeitsplatz nicht geeignet.

Der Arbeitsplatz sollte Gleitzeit ermöglichen (ADHS-Menschen haben ein sehr wechselndes Befinden und kommen oft zu spät).

Paulas Arbeitsbedingungen für gute Konzentration

Unter diesen Arbeitsbedingungen bin ich besonders konzentriert:	Das behindert meine Konzentration:
sehen: Ich brauche besonders helles Licht. Die Umgebung an meinem Arbeitsplatz muss schön aussehen. Ich brauche angenehme Bilder an der Wand. Ich brauche eine Pflanze auf dem Schreibtisch.	„Schummerlicht"; Räume ohne Fenster, kahle Räume, Räume ohne etwas Grünes, Räume ohne Bilder.
hören: Ich kann mich bei Hintergrundmusik (Radio) besser konzentrieren. Am liebsten höre ich Klassik oder Hard-Rock, aber alles sehr leise.	Mich stören Gespräche anderer, laute Musik stört, „Hereinplatzen" von Kollegen kann mich ganz durcheinander bringen.
riechen: Es ist wichtig für mich, dass gute Luft herrscht, Rauch ertrage ich nicht, Parfum stört mich.	Schlechte Luft, keine Lüftungsmöglichkeit, Essensgerüche aus der Kantine, Zigarettenrauch. Manche Duftessenzen machen mir Kopfschmerzen.
schmecken: Ich lutsche gerne saure Bonbons. Ich kaue gerne harte Müsliriegel, saure Gurken machen mich wach. Ich trinke gern Cola.	Schweres, fettes Essen macht mich müde (Kantine) und unkonzentriert. Hungrig oder durstig sein halte ich nicht lange durch.
berühren, fühlen, bewegen: Ich brauche Bewegungspausen, der Knetball hilft mir, wenn ich die Finger nicht ruhig halten kann.	Sehr langes Sitzen, ohne Pause.
Gestimmtheit, Emotion, Tempo: Teamarbeit stimuliert, alles muss schnell gehen, ich brauche das Gefühl, gut zu sein.	Langeweile und Leerlauf kann ich nicht ertragen, keine Anerkennung zu bekommen lähmt mich.

Kopiervorlage im Anhang

Gute Arbeitsmethoden mit ADHS

- Komplexe Aufgaben grundsätzlich in überschaubare Teilziele zerlegen.
- Teilziele in einem realistischen Zeitrahmen planen und erledigen.
- Erst das erledigen, was leicht erscheint und Spaß macht, so wird der Anfang erleichtert.
- Kleine Pausen machen. (Auf der „Insel" ausruhen, siehe Seite 85).
- Immer wieder Bewegung einbauen.
- Schreibtischarbeiter: regelmäßig den Igelball kneten.

Wenn eine akustische Grundstimulation gebraucht wird, das Radio mit entspannender Musik laufen lassen. Klassik kann gut sein, Hardrock mit harten Takt ebenfalls. Eine CD mit Meeresrauschen kann ebenfalls gute Dienste leisten.

- Laut oder innerlich Selbstgespräche führen. Sich immer wieder den Ablauf der Arbeits-Aufgabe vorstellen und mit sich selbst besprechen.
- Bei nachlassender Konzentration: Kaugummi kauen, saure Bonbons lutschen, den Stuhl für eine gewisse Zeit mit einem Sitzball vertauschen. Wenn die Möglichkeit besteht (bei Arbeitsplatz zu Hause): einen kurzen Sprint auf dem Laufband machen, Trimmrad fahren, ein wechselwarmes Armbad oder Fußbad machen, eine Handmassage machen.
- Eine Auszeit nehmen, wenn man merkt, dass die „Batterie" leer ist.
- Etwas Anregendes essen oder trinken.
- Sich nicht sofort selbst mutlos machen, wenn etwas nicht sofort klappt.

Selbststimulation durch Gefühle

Eine hohe Selbststimulation kann auch durch Gefühle ausgelöst werden. Denn starke Emotionen bewirken für einen begrenzten Zeitraum Motivation und Stimulation in einem besonderen Ausmaß. Der Handlungsantrieb und die Konzentrationsfähigkeit können sich unter besonderen Umständen enorm steigern. ADHS-Menschen berichten immer wieder von Notfallsituationen, in denen sie plötzlich besonders klar denken und handeln konnten. Viele bezeichnen sich sonst als „Schlafmütze" oder „Hektiker" im Alltag. In besonderen Situationen seien sie der „Retter in der Not". Notfallsituationen mit starker Gefühlsbeteiligung können auch sehr emotional geführte Diskussionen, heftige Auseinandersetzungen, ein Wutanfall oder auch ein großer Schreck sein. Auch solche Erlebnisse können bei ADHS-Menschen eine besondere Präsenz und Klarheit im Denken bewirken.

Der wenig schöne Begriff „Adrenalin-Junkie" trifft exakt zu. Dies ist auch der Grund für die Vorliebe vieler ADHS-Menschen für Sportarten mit „Kick", aufregende Action-Filme und Ähnliches.

In einer echten Notfallsituation, bei der es um „Leib und Leben" geht (Autounfall, schwere Erkrankung eines Kindes), können Menschen mit ADHS erstaunliche Kräfte mobilisieren. Sie leiten dann ruhig, konzentriert und ohne Panik die richtigen Maßnahmen ein.

Diese Fähigkeit, in besonderen Situationen für einen begrenzten Zeitraum ihre Wahrnehmung zu fokussieren und angemessen zu handeln, ist eine der besonders positiven Eigenschaften von Menschen mit ADHS.

Auf den Punkt gebracht: Anforderungen anpassen

- Wenn Menschen mit ADHS noch keine medizinische Behandlung ihrer Störung erhalten haben, ist ihre Fähigkeit, ihr eigenes Verhalten willentlich angemessen zu steuern, nur unzurei-

chend ausgebildet, deshalb brauchen sie ein Arbeitsumfeld, das ihren Möglichkeiten entspricht.
- Appelle an Einsicht und Verhaltensänderung sind bei ADHS nicht sinnvoll, da die Fähigkeit zur Selbststeuerung eingeschränkt ist. Besser ist es, ein Arbeitsumfeld zu wählen, das den ADHS-Menschen nicht überfordert.
- Die Anpassungsfähigkeit an die Bedingungen ihres Arbeitsplatzes und des privaten Umfeldes sollten ADHS-Menschen an ihren persönlichen Ressourcen und Möglichkeiten messen. Der Arbeitsplatz sollte genau analysiert werden, bevor man eine ungute Erfahrung riskiert.

Der Lebenspartner mit ADHS

Wenn Menschen mit ADHS einen Partner suchen und finden, mit dem sie zusammenleben möchten, sollten trotz aller Schmetterlingsgefühle einige Vorüberlegungen angestellt werden. Wenn die Gründung einer Familie beabsichtigt wird, sollte der ADHS-Partner nüchtern überlegen, ob sein zukünftiger Lebensgefährte den Belastungen einer „ADHS-Familie" gewachsen sein wird.

Lebenspartner werden häufig aufgrund von Ähnlichkeiten im Temperament, Verhalten und Erscheinungsbild ausgesucht. So finden sehr oft zwei Menschen mit ADHS zueinander. Schnell gewinnen die von beiden gelebten Eigenschaften wie desorientiert sein, nicht zuhören können, Stimmungsschwankungen, Gereiztheit und Wutausbrüche eine alles in Frage stellende Bedeutung. In der Regel werden auf beiden Seiten zahlreiche ungelöste Konflikte und seelische Verletzungen aus der Kinder- und Jugendzeit vorhanden sein, die das Verhalten u. U. noch immer prägen. Auch Komorbiditäten, die unbehandelt geblieben sind, können die Beziehung beeinträchtigen.

Erwachsene Menschen, deren ADHS in voller Stärke bestehen blieb, können nur schwer Kompromisse eingehen. Sie wollen möglichst immer Recht behalten. Der Wille und die Fähigkeit, einen Konsens zu erreichen, ist sehr eingeschränkt. Wenn, wie so oft, ein Mann mit hyperaktivem, impulsivem Verhalten sich mit einer Frau vom „ruhigen", aufmerksamkeitsgestörten ADHS-Typus verbindet, kann es zunächst einen Ausgleich von Temperament, Lebensstil und Alltagsbewältigung geben. Leider ist dieser Ausgleich nur kurzfristig von Bedeutung, da die Alltagsschwierigkeiten z. B. durch intensive Reizsuche, Depression, Lustlosigkeit oder Unzufriedenheit mit andauernder Gereiztheit verschärft werden können. Nicht selten sind beide Partner psychisch labil und handeln impulsiv. Unüberlegte Entscheidungen führen dann zu Ungeduld und Jähzorn, wodurch ein Abgleich der jeweiligen Ziele und Vorstellungen schwierig wird. Ein gemeinsames Vorgehen, bei dem beide Partner zu ihrem Recht kommen, ist dann kaum noch machbar. Ihren schnell aufflammenden Jähzorn unter Kontrolle zu bringen, fällt den meisten Menschen mit ADHS sehr schwer. Ein Partnerkonflikt entsteht unter diesen Umständen unausweichlich, rasch und wiederholt.

In späteren Lebensjahren gehen Zorn und Wut nicht selten in eine hochgradige Gereiztheit und ein intensives sich ärgern über. Dann entwickeln Erwachsene eine überaus misstrauische und aggressive Art der Lebensführung. Vielfältige Konflikte mit der Schule der Kinder, Nachbarn, den seltenen Freunden oder Kollegen entwickeln sich. In der Regel führt dieses Verhalten zu einer Ausgrenzung der gesamten Familie, die den Außenstehenden unbelehrbar und uneinsichtig erscheint. Alle Beteiligten leiden unter der Disharmonie. Da sie sich im Recht fühlen und nur sehr begrenzt kompromissfähig sind, finden sie nur schwer aus der Isolation heraus.

Auch innerhalb der Familie ist ein harmonisches Familienleben manchmal nur unter Schwierigkeiten möglich. Denn einerseits ist die Familie oft der letzte „friedliche" Rückzugsort für Erwachsene mit ADHS, andererseits ist der Familienalltag von Konflikten, Schuldzuweisungen, Missverständnissen und Empfindlichkeiten belastet. Ihre hohe Sensitivität und intensive Gefühlswahrnehmung macht Erwachsene mit ADHS besonders verletzbar. Sehr selten haben sie ein realistisches Bild von sich selbst aufgebaut. Die meisten leiden unter Selbstablehnung oder Selbsthass. Bei Kritik von außen verteidigen sie sich unangemessen heftig, denn ihre Kritikfähigkeit konnte sich aufgrund der nicht aufgearbeiteten seelischen Verletzungen in der Kindheit nicht ausreichend entwickeln. Insgeheim hält sich der Erwachsene noch immer für dumm, faul und schlecht. Kritik von außen – und sei sie noch so positiv gemeint und geäußert – wird immer als Bedrohung des mühsam aufgebauten positiven Selbstwertgefühls empfunden und entsprechend abgewehrt. Deshalb sind Erwachsene mit ADHS meist nicht kritikfähig. In der Folge mangelt es an Einsicht und Veränderungswillen.

Anders verhält es sich, wenn ein ADHS-Mensch einen Partner trifft, der kein ADHS hat. Wenn dieser mit Verständnis und Zurückhaltung eine ermutigende Coaching-Funktion übernimmt, blüht der ADHS-Mensch auf. Dann hat die Partnerschaft eine sehr gute Chance, sich positiv zu entwickeln. Die guten Ressourcen von besonderer Lebendigkeit, Kreativität und intuitivem Verständnis anderer Menschen kommen der Partnerschaft unbegrenzt zugute, wenn der ADHS-Mensch sich verstanden und angenommen fühlt.

Vertrauen zeigen können, offen und ehrlich sein, den anderen anerkennen und schätzen sind Eigenschaften, die das Leben mit einem ADHS-Menschen so angenehm gestalten können. Gut miteinander umzugehen und Verantwortung füreinander zu übernehmen, können Erwachsene mit ADHS, wenn sie sich angenommen und verstanden fühlen, sehr wohl leisten. Mit der ihnen eigenen Impulsivität und großem Engagement sind ADHS-Menschen bereit, intensiv an sich zu arbeiten. Trotzdem kann der positive Aufschwung schnell in Langeweile und Lustlosigkeit umschlagen, wenn es nicht gelingt, der Partnerschaft immer neue Reize durch Inspirierendes, Aufregendes und Neues zu geben.

ADHS-Menschen müssen sich immer wieder durch neue Erfahrungen aktivieren und ihr Hirn ständig anregen, um „wach" zu bleiben. Der „Nicht-ADHS-Partner" wird sich auf ein Leben mit vielen Veränderungen einstellen müssen.

ADHS-Menschen sind auf jeden Fall gut beraten, wenn sie bei der Partnerwahl auf die seelische und körperliche Gesundheit ihres zukünftigen Partners achten. Auch Belastbarkeit und Toleranz des Partners sind unabdingbar, damit die Gemeinschaft sich positiv entwickeln kann.

Wenn sich beide Partner gut beieinander aufgehoben fühlen und ihre Kompromiss- und Konfliktfähigkeit über einen ausreichenden Zeitraum aneinander erlebt und geschärft haben, sollten sie noch einmal ihre gemeinsamen Ziele definieren und die gegenwärtige Situation analysieren:

– Gibt es Probleme in der Organisation des Zusammenlebens?
– Haben Missverständnisse für Verstimmung gesorgt?
– Haben sich Chaos und Unzuverlässigkeit bei der Bewältigung der beruflichen und häuslichen Organisation eingeschlichen?
– Fühlt sich der ADHS-Partner gegängelt und überfordert, wenn er ein Verhalten an den Tag legen soll, das er noch nicht genügend eingeübt und automatisiert hat?

So wie ADHS-Kinder Erfahrungen und Regeln nicht ausreichend verinnerlichen können, haben auch ADHS-Erwachsene Probleme, sich dauerhaft an Regeln und Abmachungen zu erinnern und diese zu halten. Das hat nichts mit einem „Nicht-Wollen" zu tun, wohl aber mit einem mehr oder weniger ausgeprägtem „Nicht-Können". Denn ADHS-Menschen sind mit einem Gehirn ausgestattet, das gewissermaßen immer wieder unerwartet eine neue, weiße und ganz leere Seite aufschlägt. Alles, was vorher dort hineingeschrieben wurde, ist augenblicklich wie weggewischt. Es ist nicht verfügbar. Die Erinnerung schweigt, kein Alarmglöckchen klingelt und kein innerer Impuls fragt:

„Wolltest du nicht...?" Gerade deshalb sind automatisierte Handlungsfolgen und äußere Selbstkontrolle so wichtig. Gewohnheiten, Rituale und Regeln geben Menschen mit ADHS ein tief empfundenes Gefühl von Sicherheit: „Ich habe an alles gedacht, es richtig gemacht – so mache ich es jetzt immer!"

Vor diesem Hintergrund wird verstehbar, warum ADHS-Menschen Unterbrechungen vom steten Strom der Regelmäßigkeit so überaus wenig schätzen. Jede Änderung eingeschliffener Verhaltensweisen muss mühselig abgespeichert und immer wieder erinnert werden, bis sie dauerhaft zur Verfügung steht.

ADHS-Menschen fühlen sich am wohlsten, wenn sie in einer vertrauten Umgebung und wohlstrukturierten gleichbleibenden Zeiteinteilung leben können. Aber auch vertraute Gewohnheiten und automatisierte Handlungsfolgen müssen zuweilen überprüft werden. Geschieht dies nicht, kann es unangenehme Folgen haben, wie die Erfahrung von Kai zeigt:

Kai ist ein junger Vater, der sein Kind in der Mittagspause vom Kindergarten abholen und nach Hause bringen soll. Kai hat einen anstrengenden Vormittag im Betrieb hinter sich.
  Er muss sich buchstäblich losreißen und steigt in letzter Minute in sein Auto. Er fährt los und ärgert sich über den Berufsverkehr. Kai erreicht den Kindergarten, den seine Tochter bis vor kurzem besucht hat. Die Mittagsaushilfe kann ihm nicht sagen, wo seine Tochter ist, jedenfalls ist sie nicht im Kindergarten zu finden. Kai überlegt: Hat sich seine Frau nicht an die Abmachung gehalten? Er ist ärgerlich. Er fährt zu seiner Wohnung. Dort eingetroffen, wird er von den neuen Bewohnern darauf aufmerksam gemacht, dass er vor einigen Tagen hier ausgezogen ist. Peinlich – glücklicherweise hat Kai ein Handy dabei und die neue Nummer notiert. Er ruft seine Frau an und erfährt, dass das Kind bereits daheim ist. Sie hat es selbst vom neuen Kindergarten abgeholt, nachdem man sie angerufen hat. Jetzt fällt ihm der Weg zur neuen Wohnung ein. Leider liegt sie am anderen Ende

der Stadt. Solch ein Umweg, und alles für die Katz ... Bei der neuen Wohnung angekommen, hantiert er ärgerlich an der Haustür. Ist er etwa schon wieder an der falschen Haustüre? Der Schlüssel passt nicht. Als seine Frau öffnet, stellt sie fest, dass er den Schlüssel der alten Wohnung benutzt hat. Der neue Schlüssel hängt daneben am Schlüsselbund. Völlig entnervt sitzt Kai am Küchentisch. Die Mittagspause ist fast vorbei ...

Dass der junge Mann an diesem Tag – wie sicherlich schon öfter über seine Odyssee nicht lachen kann, sondern an seinem Verstand zweifelt, ist verständlich. Unser junger Ehemann hat glücklicherweise eine verständnisvolle Ehefrau, die sich mit ADHS auskennt. Deshalb macht sie ihm keine Vorwürfe, sondern schlägt ihm am Abend vor, einen Erinnerungszettel ins Auto zu legen, wo er das Kind am nächsten Tag abholen soll. Der alte Schlüssel wird vom Schlüsselbund entfernt und der neue erhält einen farbigen Ring.

Eine weniger verständnisvolle Ehefrau hätte sicherlich ihre Enttäuschung über Kais vermeintliche Unzuverlässigkeit ausgedrückt. Kai hätte sich noch stärker gestresst, inkompetent und verantwortungslos gefühlt. Sein Selbstbewusstsein wäre empfindlich getroffen gewesen. Möglicherweise wäre er ärgerlich geworden und hätte sich geweigert, seine Tochter in Zukunft abzuholen. Aus den Vorwürfen zum falschen Zeitpunkt hätte sich ein ernsthaftes Zerwürfnis entwickeln können. Kais Frau hat sich klug verhalten, sie verzieh ihrem Mann die Fehlleistung und setzte Vertrauen in einen neuen Versuch.

Kais positive Affirmation könnte heißen:

> Ich bin wertvoll und werde gebraucht.
> Ich bin der, der ich bin.
> Ich lerne jeden Tag mehr, aufmerksamer zu sein.
> Es ist gut, dass es mich gibt!

Wenn Kinder geplant sind

ADHS-Menschen sind oft trotz aller Probleme wunderbare Familienväter und -mütter. Sehr häufig entwickeln sie eine außergewöhnliche innige Beziehung zu ihrem Nachwuchs. Das ist besonders dann der Fall, wenn der betroffenen Elternteil sich selbst in den Schwierigkeiten des eigenen Kindes wiedererkennt. ADHS-Menschen können sich untereinander intuitiv verstehen, da sie gewissermaßen auf einer Wellenlänge liegen und die Gefühle des anderen unmittelbar erspüren und verstehen können. Auch bewahren sich viele Erwachsene eine gewisse Kindlichkeit und Spielfreude, die sie gemeinsam mit ihrem Kind in phantasievolle Spiele und übermütigen Spaß umsetzen können. Die Erziehung zur Einhaltung von Regeln, Konsequenz und Pflichterfüllung ist nicht unbedingt ihre Sache, denn damit haben sie ja selbst noch Probleme. Die Konsequenz, das Grenzen setzen oder Strafen überlassen sie lieber dem Partner. Nur allzu gut erinnern sie sich an eigene unangenehme Erlebnisse dieser Art aus ihrer Kindheit.

Wenn ein Erwachsener mit ADHS Kinder haben möchte, kann ihm nur dringend geraten werden, dies mit einem nicht ADHS-Partner zu planen. Wie wir wissen, ist ADHS überwiegend genetisch bedingt und die Wahrscheinlichkeit hoch, dass das Kind ebenfalls davon betroffen sein wird. Bei einem Partner mit und einem ohne ADHS ist die Wahrscheinlichkeit nicht ganz so hoch. Sind beide betroffen, wird wahrscheinlich mindestens ein Kind in sehr deutlicher Ausprägung ADHS haben.

Erwachsene Menschen mit ADHS sollten wissen, dass sie ihr genetisches Erbe an die nächste Generation weitergeben. Sie werden das Syndrom möglicherweise auch noch bei ihren Enkeln sehen. Die ADHS-Frau und der ADHS-Mann werden beim Kinderwunsch das Wissen einbeziehen müssen, dass vermutlich viele anstrengende Jahre auf sie zukommen werden. ADHS-Kinder fordern die ganzen Kräfte ihrer Eltern – oft bis weit über die

Pubertät hinaus. Eine medizinische Behandlung von allen Beteiligten mit ADHS kann die positive Entwicklung aller Familienmitglieder fördern.

Auch dann aber werden die Eltern noch immer außergewöhnlich viel Kraft, Geduld und Nachsicht benötigen. Kinder- und Jugendjahre mit ADHS sind für Eltern kein Zuckerschlecken. An dieser Tatsache und deren Auswirkungen zerbrechen ADHS-Familien leider überdurchschnittlich oft: Alle Beteiligten haben ihr Bestes gegeben, aber waren dennoch überfordert. Wenn beide Partner ein ADHS haben, ist die Wahrscheinlichkeit besonders hoch, dass eventuell alle Kinder das Syndrom in einer sehr deutlichen Ausprägung haben werden. Manchmal haben beide Partner mit ADHS – schon lange vor der Geburt eines Kindes – einen deutlichen Partnerkonflikt ausgebildet. Dann wird die Ankunft eines Babys den Partnerkonflikt nicht lösen oder die Beziehung verbessern können. Im Gegenteil, die 24-Stunden-Belastung durch ein hyperaktives Baby und mit einem rastlosen Kleinkind kann dann beide Elternteile überfordern. Manchmal ist die Beziehung dem nicht gewachsen, sie zerbricht.

Verantwortlich handelnden ADHS-Menschen kann nur geraten werden, bei Kinderwunsch die eigene Belastungsfähigkeit und die der Partnerbeziehung kritisch zu überprüfen. Gemeinsam mit dem Partner eine realistische Lebensplanung zu erstellen und vermeidbare Risiken auszuschließen, wenn die eigenen Kräfte nicht reichen, heißt bei ADHS verantwortungsbewusst entscheiden und handeln.

Planen und Handeln in der Familie

Die Familienkonferenz

Die regelmäßige Familienkonferenz, in der Alltagsprobleme besprochen werden können, sollte zur festen Handlungsstruktur in der Familie werden.

Die Ergebnisse werden *immer* schriftlich festgelegt und in einer Mappe dokumentiert. Jedes Familienmitglied kann diese Mappe jederzeit einsehen. Die Familienkonferenz wird regelmäßig alle 14 Tage einberufen. Alle Mitglieder schreiben ihre Besprechungspunkte jeweils schon dann auf, wenn sie als Problem im Alltag deutlich werden. Alle Zettel werden in einen Karton mit Schlitz geworfen (Kummerkasten). Der Karton wird nur zur Familienkonferenz geöffnet.

Schuldzuweisungen und Vorwürfe werden ausdrücklich ausgeschlossen. Probleme werden sachlich dargestellt und man sucht gemeinsam nach Lösungen. Wenn Kinder noch nicht schreiben können, malen sie ein Bild und erklären daran, was sie besprechen wollen. Sie können auch die älteren Geschwister oder Eltern bitten, ihr Problem aufzuschreiben.

Eine Problembeschreibung sollte nicht so formuliert werden: „Peter, immer störst du die Kinder und mich, wenn du am Morgen deinen Autoschlüssel mal wieder nicht finden kannst. Das finde ich extrem rücksichtslos, weil du alle damit aufweckst." Besser wäre: „Mehrmals sind die Kinder und ich sehr früh geweckt worden, weil Peter die Autoschlüssel gesucht hat. Wie können wir ihm helfen, damit das nicht wieder vorkommt?" Auf diese Weise können sachlich und ohne zu verletzen Probleme besprochen und nach Lösungen gesucht werden.

Die Lösungen werden schriftlich im Konferenzprotokoll festgehalten. Bei schwierigen Problemen können Teilziele festgelegt und ein zeitlicher Erfüllungsrahmen abgesteckt werden. Belohnungen werden ebenfalls geplant und von allen genehmigt. In einer späteren Konferenz wird dann überprüft, ob die abgesprochenen Ziele erreicht wurden. Wenn nicht, sucht man gemeinsam nach den Ursachen und definiert die Ziele neu, eventuell in noch kleineren Teilzielen.

Alle besprochenen Maßnahmen müssen das Einverständnis von allen Familienmitgliedern haben, alle unterschreiben die Ergebnisse der Konferenz. Bei besonders schwierigen Problemen können auch Verträge mit einzelnen Familienmitgliedern geschlossen werden. Diese werden dann in aller Form erstellt und in der Konferenzmappe abgelegt. Jedes Familienmitglied unterschreibt und erhält eine Kopie.

Alle Ergebnisse und Handlungsplanungen der Familienkonferenz müssen in jedem Fall hinsichtlich ihres Erfolges überprüft und besprochen werden. Wenn Handlungsplanungen nicht eingehalten werden, wird das problematische Verhalten immer schwerer beeinflussbar.

Die Familien-Plankonferenz

Die Familien-Plankonferenz ist unverzichtbar, wenn Probleme bei der Organisation, beim Zeitmanagement und beim Ordnungsverhalten besprochen und verändert werden sollten. Dies ist in der ADHS-Familie eigentlich immer der Fall.

Grundsätzlich tragen alle Familiemitglieder ihre Termine für den Monat laufend in einen großen Plan ein. Wünsche werden rechtzeitig angemeldet (z. B. „Kann mich Peter am Samstag um 22.00 Uhr zur Disco fahren?") und Angebote gemacht. („Wer möchte Mittwoch um 15.00 Uhr mit mir in der Stadt einkaufen?")

Geburtstage sind eine Familienangelegenheit. Sie werden gemeinsam mit der Hilfe von Projektplänen vorbereitet (Kopiervorlage siehe Anhang).

Alle verpflichten sich, ihre Aufgaben im Projektplan zu erfüllen. Organisationsaufgaben (z. B. Peters Geburtstag) werden verteilt und jeder erhält schriftlich bestimmte Gebiete zugewiesen.

Familienmitglieder mit ADHS haben Schwierigkeiten, sich schnell auf veränderte Situationen im Tagesablauf einzustellen. Deshalb mögen sie keine Überraschungen. Wenn die Termine und Ereignisse des Tages feststehen, gibt ihnen dies ein Gefühl von Sicherheit und Berechenbarkeit.

Die Planungsmappe liegt aus diesem Grund am besten in der Küche aus. Dort kann beim Frühstück nachgelesen werden, was an diesem Tag zu erledigen ist oder anliegt.

Pläne zu erstellen und einzuhalten ist für Menschen mit ADHS in der Regel mit starken Unlustgefühlen verbunden. Da Pläne die Spontaneität in der Tagesgestaltung begrenzen, empfinden ADHS-Menschen sie häufig als lästiges, drückendes Korsett. Deshalb sollte der Tagesplan nur die wichtigen, feststehenden Termine des Tages enthalten. Es sollte immer noch genügend Freiraum für spontane Entscheidungen vorhanden sein. Die wichtigsten Eckpunkte dürfen allerdings nicht angetastet werden (z.B. Schulaufgabenzeit, Zeit für Pflichten im Haushalt).

Das Handeln nach Plänen müssen Menschen mit ADHS so früh wie möglich lernen und automatisieren. Wenn das Planen und Organisieren zur selbstverständlichen Gewohnheit geworden ist, wird es nicht länger als Last und Einschränkung, sondern als Entlastung empfunden. Pläne ersparen viel Ärger durch vergessene Termine, sie geben Sicherheit und Alltagskompetenz. Das Einhalten von Plänen vermittelt dem ADHS-Menschen das Gefühl, zuverlässig, verantwortungsvoll und kompetent zu handeln. Und nicht zuletzt: Eingehaltene Pläne machen selbstbewusst!

So plant man:
- Die gegenwärtige Situation (Problem) analysieren,
- das Ziel festlegen,
- den Weg in realisierbaren Schritten planen,
- den Erfolg sichern – Kontrolle einschalten,
- den Plan umsetzen,
- Belohnen,
- Rückschau halten.

Klare Regeln in der Familie

Die Familie mit einem oder mehreren ADHS-Mitgliedern ist vor allem wegen der vielen Schwierigkeiten im Alltag eine ebenso sensible wie hochgefährdete Gemeinschaft. Um den inneren Zusammenhalt und das positive „Zueinander stehen" muss immer wieder gerungen werden. Die Grundvoraussetzung für das Gelingen der Partnerschaft wie des Familienlebens wird immer die gegenseitige Achtung sein, das Akzeptieren von Andersartigkeit und vor allem das Verständnis dafür, warum ein Mensch mit ADHS oftmals ganz anders handelt als erwartet. Auf der Basis liebevollen Angenommenwerdens dürfen Fehler zugestanden und Hilfe angeboten werden. Freiräume für jeden sollen sein, ebenso wie Erfahrungsmöglichkeiten und die Chance, immer wieder neu anfangen zu können.

Da Menschen mit ADHS Erfahrungen meist erst nach mehrfacher Wiederholung verinnerlichen können, werden ihnen viele Fehler unterlaufen, die anderen Menschen unbegreiflich erscheinen. **Dieses Verstehen der Andersartigkeit bei ADHS kann nur durch positive Beziehungen und das Wissen über die Verlaufsformen der Störung geweckt werden.**

Der betroffene wie auch der nichtbetroffene Partner – beide werden nicht umhin kommen, sich ein gründliches Wissen über ADHS und dessen Verlauf anzueignen. Viele bittere Erfahrungen, Missverständnisse und vermeintliche Kränkungen könnten vermieden werden, wenn beide Partner wissen, welchen Einfluss die Krankheit auf das Verhalten nehmen kann.

Partner mit ADHS sollten lernen, Missverständnissen vorzubeugen, indem sie ihren Gefühlen und Gedanken in der *konkreten* **Situation sofort Ausdruck verleihen.** Diese Ich-Botschaften helfen den Partnern, Verständnis füreinander zu entwickeln und stärken den Zusammenhalt. Sich klar und präzise ausdrücken, eindeutig formulieren, was der eine vom anderen *augenblicklich* erwartet, ist nicht nur bei Kindern notwendig. Über das Gelingen von Gesprächen ist schon an anderer Stelle einiges gesagt worden, doch einige weitere Tipps sollen hier folgen:

- **Liebevoll akzeptierend und ohne Ironie geführt, werden Gespräche, die der Klärung dienen, am leichtesten angenommen.**

- Der Ton ist ruhig, man spricht in mittlerer Tonlage.
- Während des Gesprächs besteht Augenkontakt und die Stimmung ist von Sachlichkeit und Akzeptanz geprägt.
- Man lässt sich in Ruhe aussprechen und hört die Meinung des anderen an.
- Wenn das Sprechen zu schwer fällt, können die wichtigen Punkte wie in einem Brainstorming in Stichworten aufgeschrieben werden.
- Dann wird gemeinsam das Pro und Kontra besprochen und nach Lösungen gesucht.
- Am Ende werden Entscheidungen oder der Konsens schriftlich festgehalten.

Er wird in der in der Küche ausgelegten Familienmappe aufbewahrt.

Klare Regeln im Zusammenleben sind unverzichtbar. Sie können aber nur angenommen werden, wenn ein Konsens darüber besteht, welche Ziele die Familie sich gesetzt hat.

Menschen mit ADHS sind spontane und großzügige Menschen, bei denen Lust- und Unlustgefühle eine große Rolle spielen. Das muss bei der Planung für partnerschaftliche oder familiäre Aktivitäten berücksichtigt werden. Pläne und Regeln erwecken erst einmal ihr Misstrauen und ihre Ablehnung. Der Nicht-ADHS-Partner sollte wissen, dass die Forderung, Regeln einzuhalten und nach ihnen zu handeln, bei ihrem Partner möglicherweise große Ängste freisetzen wird. Jeder ADHS-Mensch wird berechtigte Zweifel hegen, ob er diese Regeln und Erwartungen durchhalten und erfüllen kann. Und tatsächlich wird er es nicht auf Anhieb in jedem Fall schaffen, aber doch zunehmend.

Immer sollte der Partner liebevoll, aber beinhart auf den getroffenen Abmachungen bestehen. Nie darf vergessen werden, ein **Lob auszusprechen**, und zwar **sofort**, wenn es gelungen ist, sie zu erfüllen. Lob oder ermutigendes Hinweisen auf „Vergessenes" ist der beste Weg, positive Verhaltensweisen zu verstärken.

Dieses positive Verstärken ist umso wichtiger, als sowohl gute wie auch weniger gute Erfahrungen bei ADHS allzu schnell vergessen werden. Erfahrungen können, wie bei Kindern, auch beim ADHS-Erwachsenen nicht ausreichend im Langzeitgedächtnis verankert werden. Darum kann eine Situation gehäuft wieder und wieder durchlebt und durchlitten werden, ohne dass das Erleben zur gelebten Erfahrung wird. Ein ADHS-Mensch kann aus der so überaus notwendigen und kräftesparenden Qualität der Erfahrungen nur wenig Nutzen ziehen: Wie erlebt, schon vorbei – ausgelöscht und wie nie geschehen.

Partner von ADHS-Menschen können oft nur schwer Verständnis dafür aufbringen, dass ihr Partner ein so unnötig aufreibendes Leben führt. Jeden Morgen werden z. B. Schlüssel, Schuhe, Kämme, Frühstücksflocken oder Jacken gesucht. Täglich gibt es Missstimmung und einen überhasteten Aufbruch zur Arbeit. Sitzen er oder sie endlich im Auto, ist bereits alles vergessen und tausend andere Gedanken gehen durch den Kopf. Er oder sie schaffen es einfach nicht, vorausschauend zu handeln und am Abend alle Utensilien griffbereit an vorher festgelegten Plätzen abzulegen. Der nächste Tag beginnt dann wieder mit hoher Erregung, Ärger, Missstimmung auf allen Seiten ...

Alexander schüttete mir am Telefon sein Herz aus und meinte, mit der chaotischen, in hohem Maße stressproduzierenden Handlungsweise seiner Frau nicht mehr leben zu können. Kaum ein Morgen, der nicht mit panikartigem Suchen begann und mit Verstimmung auf beiden Seiten endete. Seine Frau Lea schaffe es trotz großer Bemühungen nicht, sich feste Plätze für immer wieder benötigte Gegenstände in der Wohnung zu merken. Alexander folgte meinem Rat, einen Kunststoffcontainer zu besorgen und mit Leas Namen zu beschriften. Diese Kiste wurde an einem zentralen Platz in der Wohnung aufgestellt. Nun musste sich Lea nur noch einen Platz merken. In diese Kiste warf Lea beim Heimkommen ihre Schuhe, Handtasche Autoschlüssel und andere besonders wichtige Dinge. Dies war ein Anfang. Lea war vom morgendlichen Suchen entlastet. Der Tag konnte ohne Ängste und Stress begonnen werden und das Verhältnis zu Alexander besserte sich.

Es ist wichtig, für ADHS einfache unkomplizierte Lösungen zu finden, die eine gute Anfangsbasis darstellen und ein Erfolgserlebnis vermitteln. Erst später können kompliziertere Ordnungsmechanismen eingeübt werden.

Nach bestem Wissen handelnde und gutmeinende Partner beginnen nicht selten, die Defizite des anderen auszugleichen. Sie übernehmen als „guter Samariter" die Arbeit des Ordnens und Strukturierens. Mit der Zeit finden sie sich in eine perfekte Organisatorenrolle hinein. Am Ende übernehmen sie die Verantwortung für ihren chaotischen ADHS-Partner voll und ganz und nehmen ihm so die Möglichkeit, aus seinen Fehlern zu lernen. Auf Dauer werden sich beide Teile dabei nicht wohl fühlen. Unter Umständen entwickelt der „Organisations-Partner" eine Co-Abhängigkeit vom ADHS des Partners. Er fühlt sich nun sehr belastet, aber immerhin unentbehrlich, da „sein" Chaot den Alltag nicht ohne ihn regeln kann. Schließlich braucht er, wenn es ganz schlimm kommt, die Unselbstständigkeit des anderen, um sich selbst als wertvoll und wichtig zu erleben. Dies kann auf beiden Seiten zu einer Stabilisierung der unguten Situation führen: Der eine kann nicht lernen, seine Desorganisation zu beherrschen, weil der andere dies durch gut gemeinte, aber falsche Hilfestellung verhindert!

ADHS-Menschen dürfen auch schmerzliche Erfahrungen nicht verwehrt werden, aus denen sie lernen können. Allerdings werden sie viele davon brauchen. Es wird viel Geduld und viel Verständnis nötig sein, aber der ADHS-Mensch wird es schließlich schaffen. (Wahrscheinlich dann, wenn der Partner nicht mehr damit rechnet!) Manchmal können bestimmte, endlos wiederkehrende Organisationsprobleme auftreten. Diese müssen bewusst gemacht und besonders trainiert werden. Der bessere Ablauf bestimmter Aufgaben wird am besten schriftlich in Punkten festgelegt und als Checkliste abgehakt. Wenn es gelungen ist, eine Klippe zu überwinden, soll diese Leistung anerkannt und gelobt werden. Der Partner kann seine Freude ausdrücken: „Mir ist aufgefallen, dass du die ganze Woche deinen Schlüssel nicht suchen musstest – toll, ich wusste, dass du es schaffen kannst."

Bitte keine Ironie einfließen lassen! Für einen von ADHS Betroffenen ist die Überwindung eines solchen unguten (oft jahrelang gelebten) Problems wirklich eine große Leistung. Dafür sollte er ehrliche Anerkennung erhalten. Stimme, Körpersprache und Zuwendung des Partners sollten signalisieren: „Ich freue mich mit dir!"

Wenn Kinder in der Familie sind, können alle, die von ADHS betroffen sind, sich gegenseitig helfen, indem sie z. B. gemeinsam Vorkehrungen für den nächsten Tag treffen. Sie können auch gegenseitig ihre Listen kontrollieren, ob an alles gedacht und richtig abgehakt wurde. Dies könnte nach einem Rotationsprinzip geschehen, so dass jeder einmal die Liste des anderen überprüft hat. Wenn alles geklappt hat, gibt es eine Belohnung. Es können Bonuspunkte für einen besonderen Wunsch gesammelt werden, oder die Familie spielt noch eine Runde eines Gesellschaftsspiels usw.

Sehr erfolgreich ist die Einführung einer „Vorbereitungszeit" für den nächsten Morgen. Diese ist an Werktagen für alle verbindlich und gehört zu den festen Regeln, über die nicht mehr diskutiert wird. Zwanzig Minuten bis eine halbe Stunde sind dazu völlig ausreichend. Jeder legt sich die am Morgen benötigten Gegenstände in den Kunststoffkasten. Bei Kindern werden dies sein: die Schultasche (fertig gepackt), die Schuhe, der Schlüssel, das Pausenbrot usw. Bei Erwachsenen können es Schuhe sein, Schlüssel, Handtasche, Autopapiere, Pausensnack, Geldbörse und vieles mehr. Frauen kontrollieren zusätzlich ihre Handtasche: Ist alles, was sich darin befinden sollte, inkl. eventuell einzunehmenden Medikamente auch tatsächlich vorhanden? Falls nach der Arbeit eingekauft werden muss, dürfen Einkaufszettel und das Geld nicht fehlen. Danach wählen alle Familienmitglieder ihre Kleidungsstücke aus, die sie am nächsten Tag anziehen wollen. Sie kommen auf einen jeweils nur für diesen Zweck bestimmten Stuhl. Frische Wäsche wird aus dem Schrank genommen und die verbrauchte Wäsche wandert in einen Korb für schmutzige Wäsche.

Beate, eine sehr intellektuelle Lehrerin, berichtet verschämt von ihren morgendlichen Qualen vor dem Kleiderschrank. Niemals konnte sie sich in angemessener Zeit entschließen, was sie anziehen wollte. Täglich wählte sie schließlich unter großem Zeitdruck ihre Garderobe aus. Natürlich kam sie dadurch fast immer zu spät und musste sich den Spott der Kollegen gefallen lassen.

Die zehnjährige Iris terrorisierte ihre Mutter jeden Morgen damit, dass sie augenblicklich nichts zum Anziehen habe. Schimpfend und hoch erregt erreichte sie schließlich die Schule. Das Verhältnis zwischen Mutter und Kind war dadurch sehr belastet. Doch Iris' Mutter hatte einen guten Einfall: Sie einigte sich mit der Tochter auf die tägliche Auswahlmöglichkeit zwischen jeweils nur zwei Kleidungsstücken. Jeden Morgen konnte Iris also zwischen zwei Pullis, zwei Hosen, zwei Jacken usw. wählen. (Iris ist inzwischen erwachsen, aber sie hat noch immer ihre Mutter vor Augen, die in jeder Hand eine Jeans hält und ruft: „Rechts oder links?!") Auf diese Weise konnte Iris üben, sich schnell und unter Zeitdruck für eine Sache zu entscheiden. Die Auswahl klappte reibungslos. Es gab keine bösen Worte mehr.

Die meisten ADHS-Menschen können in Stresssituationen und unter Zeitdruck keine Entscheidungen fällen. Sie sind dann vollkommen hilflos der plötzlichen Leere in ihrem Kopf ausgeliefert. Die schnell eintretenden, starken seelischen Verstimmungen, unter denen die meisten zu leiden haben, verursachen dann nicht selten aggressive Ausbrüche. Die darauf folgende „Jetztist-schon-alles-egal"-Situation – erschwert die Lösung eines Problems zusätzlich.

Grundsätzlich sollten ADHS-Menschen am Morgen auf die gute Vorbereitung und Vorentscheidung vom Abend zuvor zurückgreifen können. Entscheidungen sind schon am Abend in Ruhe getroffen worden. Alles Notwendige liegt griffbereit. Der Tag beginnt entspannt.

Es gibt sie auch, die glücklichen ADHS-Familien, die humorvoll über ihre Schwächen lachen können! Ermutigende Verstärkung von positivem Verhalten, liebevolle Zuwendung, Verständnis und Konsequenz lauten die Zauberworte für das gute – und immer bessere – Zusammenleben der temperamentvollen Chaoten in Partnerschaft und Familie.

Teil III

Die medizinische Behandlung

Paula besucht den ADHS-Spezialisten

Paula – schon bekannt aus vorhergehenden Kapiteln – hat viel über sich selbst und ihre ADHS gelernt und die Planungsvorschläge für ihren Alltag beherzigt. Sie hat sich Bücher besorgt und sie tatsächlich durchgelesen. Zeitweilig besucht sie eine Selbsthilfegruppe.

Trotzdem ist Paula nicht zufrieden, denn ihr unausgeglichenes Verhalten, ihre „Zustände" – Zeiten in denen ihre Selbststeuerung versagt und Pläne ihre Wirkung verlieren – sind nicht seltener geworden. In solchen Episoden fühlt Paula sich völlig überfordert. Sie nimmt sich vor, einen Fachmann für ADHS aufzusuchen und sich Klarheit über eine mögliche medizinische Behandlung zu verschaffen.

Sie will den Arzt auch auf eventuelle alternative Behandlungsmöglichkeiten ansprechen. Nur als letzte Möglichkeit möchte sie einer medikamentösen Behandlung zustimmen. Sie steht dieser zwar skeptisch, aber nicht ablehnend gegenüber.

Paula muss viel Zeit mitbringen, wird ihr bei der Anmeldung gesagt, denn das Vorgespräch und die Voruntersuchungen werden ca. 90 Minuten dauern. Bei einem darauf folgenden Termin werden die Ergebnisse der inzwischen ausgewerteten Unterlagen besprochen und Therapiemaßnahmen vorgeschlagen. Paula ist schon voller Erwartung.

Einige Tage bevor der Untersuchungstermin ansteht, nimmt sich Paula ihre Planungsmappe vor und überprüft noch einmal ihre Motivation, einen Spezialisten für ADHS aufzusuchen (vgl. Seite 106 f., Paulas Arztbesuch). Sie plant anhand des Schemas die organisatorische Seite (wie komme ich zum Arzt, welche Verkehrsmittel wähle ich, wie viel Zeit wird gebraucht, wer unterstützt mich, wie stelle ich sicher, dass ich nicht verschlafe?).

Am Abend vor dem Termin hat sie ihre Fragen an den Arzt aufgeschrieben. Die Handtasche ist gepackt. Der Autoschlüssel steckt in der Tasche. Die Verkehrsanbindung in die Stadt des Arztes hat Paula auf der Autokarte markiert. Sie hat einen Stadtplan besorgt und die Straße sowie den Weg dorthin gekennzeichnet. Ihr Handy liegt betriebsbereit in der Handtasche. Die Nummer des Arztes hat sie gespeichert. So kann sie rechtzeitig anrufen, falls sie sich doch verfahren sollte. Eigentlich kann nichts mehr schiefgehen!

Am nächsten Tag ist Paula überrascht. Trotz ihres sonst ständigen Zuspätkommens kommt sie tatsächlich pünktlich in der Praxis an. Sie wird in einen angenehmen Raum mit schönen Möbeln und Pflanzen geführt. Es riecht nach Orange und Paula entspannt sich.

Man nimmt sich viel Zeit für sie. Sie muss zahlreiche Fragen beantworten und darüber entwickelt sich rasch ein intensives Gespräch. Dabei geht der Arzt sehr gründlich und genau vor. In einem **strukturierten Interview** entsteht Paulas **biografische Lebensbeschreibung.** Der Arzt möchte möglichst viel über Paulas Entwicklung in der Kindheit und Schulzeit bis in das Erwachsenenalter hören. Paula hat dazu ihre Schulzeugnisse mitgebracht und darüber mit ihrer Mutter gesprochen. Nebenbei werden die Ergebnisse des Gesprächs in verschiedenen Anamnesebögen festgehalten.

Immer wieder stellt der Arzt bestimmte Kernfragen nach den internationalen Diagnosekriterien DSM IV und ICD 10 – wie er ihr erklärt. Paula ist erstaunt und ein wenig verwirrt; dieser Arzt scheint ihre Persönlichkeit und vor allem ihre Probleme genau zu kennen!

Nach diesem intensiven Gespräch sind Paulas Beschwerden, ihre mangelnde Alltagskompetenz mit Aufmerksamkeitsschwäche und innere Unruhe sowie ihre psychische Befindlichkeit genau ausgelotet. Auch andere, scheinbar mit ADHS nicht in Zusammenhang stehende Probleme werden abgefragt (Komorbiditäten, vgl. Schema im Anhang).

Paula hat auch einen Bericht ihres Hausarztes mitgebracht und spricht über die Medikamente, die sie augenblicklich nehmen muss. Ihre Schilddrüse wurde kürzlich untersucht. Ein EEG (Hirnstromkurve zur Erkennung von eventuellen Störungen im Hirn) wurde geschrieben. Bei Paula zeigten sich keine Auffälligkeiten. Auch ihr Blutdruck und die Blutwerte geben keinen Anlass zur Besorgnis. Diese Ergebnisse sind für den ADHS-Spezialisten wichtig. Nachdem Paula noch einen längeren, eintönigen Konzentrations-Belastungs-Test absolviert hat, ist sie schließlich froh, dieser anstrengenden Beschäftigung zu entkommen.

Nachdem Interview und Tests abgeschlossen sind, gibt der Arzt Paula noch einige wissenschaftliche Fragebögen mit. Diese soll Paula daheim gewissenhaft ausfüllen und vor dem nächsten Arzttermin zur Auswertung an die Praxis zurückschicken. Am Ende wird Paula genau erklärt, was ADHS bedeutet, welche neurologischen Störungen damit verbunden sein können und wie sich diese auf das Alltagsleben auswirken. Sie erfährt auch einiges über die Behandlungsmöglichkeiten bei ADHS. Das interessiert Paula sehr und sie stellt viele Fragen. Da die Zeit knapp ist, schlägt ihr Arzt vor, doch seinen nächsten Erwachsenenkurs zu besuchen. Dort können ihre Fragen ausführlich beantwortet werden.

Auf der Heimfahrt ist Paula sehr nachdenklich und irgendwie aufgewühlt. Viele Eigenschaften, für die sie sich insgeheim so schämt, hat ihr der Arzt gesagt, seien ganz typisch für Menschen mit ADHS. Aber wenn ihre Probleme hauptsächlich neurobiologisch bedingt sind, warum hat ihr niemand viel früher gesagt, dass es dafür eine besondere Therapie gibt? Die Informationen des Arztes sind für Paula wie eine Offenbarung. Sie sieht sich nun selbst in einem ganz anderen Licht.

Daheim angekommen, bespricht Paula sich mit ihrem Mann und liest die Broschüren, die sie in der Arztpraxis erhalten hat. Die Fragebögen füllt sie schnell aus. Beim nächsten Termin ist Paula schon sehr gespannt. Wie sind ihre Ergebnisse ausgefallen?

Paula erfährt diesmal, dass ihre Untersuchungsergebnisse deutliche Hinweise auf ein bestehendes ADHS ergeben haben. Sie erfüllt fast alle Kernsymptome nach den internationalen Diagnoseschlüsseln. Sie erfährt auch, von welchem ADHS-Typ sie betroffen ist. Da ihr Leidensdruck hoch ist, ihr seelisches Befinden und ihr Selbstwertgefühl gelitten haben und ihre Belastbarkeit sehr gering ist, schlägt der Arzt Paula eine Kombinationstherapie vor: Ein Medikament zur Regulierung der neurologischen Störung soll mit dem Entspannungsverfahren „Progressive Muskelentspannung" und einer Verhaltenstherapie bei einem mit ADHS vertrauten Psychologen kombiniert werden. Weiterhin soll Paula Sport treiben und sich viel an der frischen Luft bewegen.

Als Paula das Thema Ernährung anschneidet, erhält sie einige wichtige Hinweise: ADHS-Betroffene tun gut daran, eine gesunde, abwechslungsreiche und vollwertige Ernährung zu sich zu nehmen. Der Arzt gibt Paula Informationsmaterial und bietet ihr eine spezielle Ernährungsberatung für Patienten mit ADHS an. In kurzen Merksätzen erfährt Paula erst einmal Folgendes:

Die Basis ihrer Ernährung sollten vielfältige Gemüse- und Obstsorten sein. Diese sollte sie reichlich und möglichst frisch oder schonend gegart verzehren. Die Mengen-Faustregel heißt 5 Mal am Tag. Jede Portion entspricht der Menge, die sie jeweils in einer Hand halten kann.

Getreide und vollwertige Getreideprodukte (z.B. Vollkornbrot, Vollkornnudeln, Haferflocken, Graupen, Hülsenfrüchte, Kartoffeln und Naturreis) sind das zweite Standbein in Paulas ADHS-Ernährung.

Fettarme Milch und magere Milchprodukte sollen bevorzugt gegessen werden. Fleisch, Wurst, Fisch, Ei eingerechnet, soll Paulas Aufnahme von Eiweiß nicht mehr als täglich 0,8 g pro Kilo Körpergewicht betragen. (Bei einem Körpergewicht von ca. 70 kg wären das 56 g Eiweiß am Tag).

Mageres Fleisch und fettarme Wurst isst Paula sowieso gerne, den empfohlenen fettreichen Seefisch (er enthält die gesunden Omega-3-Fettsäuren) dagegen gar nicht. Mehr als drei Eier pro Woche soll sie nicht verzehren. Auch bei Fleisch ist Mäßigkeit angesagt: Öfter als 3 Mal pro Woche sollte es nicht auf den Tisch kommen.

Als Margarine wird Paula ein Streichfett mit besonders hohem Gehalt an Omega-3-Fettsäuren empfohlen, auch eine Margarine auf Olivenölbasis ist vorteilhaft (erhältlich im Reformhaus). Besonders geeignete Öle sind Rapsöl, Olivenöl, Leinöl und Walnussöl. Davon soll sie nicht mehr als 3 Esslöffel pro Tag zu sich nehmen.

Zucker, Süßigkeiten, Schokolade sind nicht verboten (Paula gesteht ihren zeitweiligen Heißhunger). Schrittweise soll sie die Verzehrmenge senken und dafür lieber einige Walnüsse knabbern. Alkohol soll die Ausnahme bleiben.

Zusätzlich empfiehlt der Arzt die regelmäßige Einnahme von Omega-3-Fettsäurekapseln mit Vitamin E, da Paula frischen, fetten Seefisch nicht essen mag („Omacor"; in Apotheken erhältlich).

Mindestens 1½ Liter Flüssigkeit soll Paula täglich trinken. Da sie Medikamente einnimmt, darf es durchaus auch mehr sein.

Grundsätzlich, erfährt Paula, unterscheiden sich die Ernährungsempfehlungen von ADHS-Patienten nicht von den Regeln allgemeiner guter Ernährung. Die besondere Betonung der Omega-3-Fettsäuren (DHA/EPA + Vitamin E) beruht auf den Erkenntnissen neuester Studien. Hier wurde der günstige Einfluss von Omega-3-Fettsäuren und Vitamin E im Bereich der Prävention von Herzerkrankungen nachgewiesen. Diese hochaktiven Fette schützen auch das Hirn, die Nervenbahnen und Zellen. Sie sind weniger für die Energiegewinnung nötig als für den Aufbau von Zellhüllen und den der Nervenzellen und des Gehirns. Das will Paula genau wissen. Sie erfährt: EPA wirkt entzündungshemmend, hält das Blut flüssig und verhindert so die Verengung der Blutgefäße durch die Verklebung durch Blutplättchen. So bleibt die Sauerstoffzufuhr gewährleistet. EPA verringert also die Gefahr des Schlaganfalls und des Herzinfarkts. EPA vermindert Entzündungsfaktoren, die zum Abbau von Nervenzellen führen können. DHA hält die Nervenleitbahnen leitfähig, damit Informationen schnell und sicher übertragen werden und unterstützt das Nervenwachstum des Gehirns. DHA beeinflusst die Botenstoffproduktion; Stimmungen, Stimmungsschwankungen und Depressionen werden positiv beeinflusst. Das Gehirn, die Nerven, die Augen, das Herz brauchen die leitfähigen Omega-3-Fette.

Paula ist zufrieden. Sie hat viel gelernt und sieht jetzt positiver in die Zukunft. Ihr Plan, möglicherweise in einigen Monaten den Wiedereinstieg in den Beruf zu schaffen, erscheint ihr nicht mehr so zweifelhaft. Doch jetzt gilt es erst einmal den Therapievorschlag des Arztes umzusetzen. Paula wird damit für einige Wochen sehr beschäftigt sein. Wöchentlich wird sie in der Praxis anrufen und Bericht erstatten, welche Fortschritte sie macht. Nach ca. acht Wochen wird die Erprobung des Medikamentes abgeschlossen sein. Bei guter Compliance (d.h. Bereitschaft mitzumachen und die Therapiemaßnahmen sorgfältig anzuwenden) kann Paula, auch mit Hilfe der psychologischen Therapie, ihre Probleme schrittweise verringern und zu einer besseren Lebensqualität und Arbeitsfähigkeit finden. Wir wünschen es ihr sehr!

Pharmakotherapie: Warum Medikamente sinnvoll sein können

In manchen Fällen können ADHS-Schwierigkeiten durch Veränderung der Lebensumstände, durch psychotherapeutische Interventionen, Coaching oder Selbsthilfe nicht ausreichend beeinflusst oder abgebaut werden. Dann müssen andere Wege beschritten werden. Der behandelnde Arzt wird anhand der Indikationen seine Entscheidung für eine individuell angepasste Therapieform treffen.

Folgende Fragen werden dabei für ihn maßgeblich sein:
- Ist das ADHS sehr stark ausgeprägt?
- Ist der Arbeitsplatz des Betroffenen in Gefahr?
- Können Ausbildungen nicht beendet werden?

- Haben sich unter ADHS Persönlichkeitsstörungen entwickelt?
- Sind Komorbiditäten vorhanden?
- Droht der soziale Abstieg, weil die generelle Arbeitsfähigkeit nicht mehr gegeben ist?
- Ist der Leidensdruck sehr hoch?
- Waren andere Therapien wenig oder gar nicht erfolgreich?

Auch wenn nur eine oder zwei Fragen positiv beantwortet werden können, ist die Indikation zu einer medikamentösen Behandlung des ADHS gegeben.

Die Behandlung mit speziellen Medikamenten kann, besonders in schweren Fällen, die wesentliche Voraussetzung für den Erfolg anderer, begleitender Therapiemaßnahmen sein. Viele Patienten berichten über lang dauernde, erfolglose Psychotherapien. ADHS-Patienten ist es kaum möglich, sechzig Minuten lang konzentriert und aufmerksam mit einem Psychologen zu arbeiten. Immer wieder schweifen die Gedanken ab, und es wird frei assoziiert. Nach dem Ende der Stunde ist bereits ein erheblicher Teil des therapeutischen Inhalts der Stunde vergessen. Der überwiegende Rest wird durch die Eindrücke der folgenden Tage bis zur nächsten Stunde überdeckt und kann nicht mehr erinnert werden. Erinnert wird nur noch ein unzureichend kleiner Teil. So können psychologische Therapien keine Früchte tragen – sie bleiben weitgehend erfolglos. Teure, erfolglose Therapien sind weder für ein staatliches Gesundheitssystem noch für den Patienten selbst zu rechtfertigen. Deshalb muss die Reihenfolge der Therapieschritte bei ADHS eine andere sein:

- Erst wird die neurologische Störung behandelt,
- danach werden die seelischen Störungen behandelt.

Die praktischen Erfahrungen der Behandler belegen die Sinnhaftigkeit dieser Reihenfolge immer von neuem.

Welche Medikamente setzt man bei ADHS sein?

In erster Linie sind Stimulantien das Mittel der Wahl. Sie werden in Deutschland seit 1954 eingesetzt und haben sich als zuverlässig wirkende Substanzen bewährt. Dabei handelt es sich um Methylphenidat und/oder Amphetaminsaft. Diese Substanzen können die neurobiologische Störung günstig beeinflussen und die Symptome des ADHS zuverlässig mildern oder aufheben. Leider wird die Wirkung der Stimulantien häufig mystifiziert. Patienten befürchten, man sei durch die Medikamentenwirkung anders, weniger lebendig, wie unter Strom. Diese Meinungen entbehren jeder sachlichen Grundlage, **da Stimulantien nicht persönlichkeitsverändernd wirken.** Es wird weder das Temperament noch die Individualität der Patienten beeinflusst. Stimulantien lösen auch ganz sicher keine seelischen Probleme aus. Sie machen umgekehrt aus schwierigen Zeitgenossen auch keine liebevollen Familienmenschen.

Dennoch sind Stumulantien sehr wohl in der Lage, positive Veränderungen einzuleiten, indem sie bessere Voraussetzungen dafür schaffen, eine längere und bessere Aufmerksamkeitsspanne zu erreichen. Die manchmal schwer zu beeinflussende Antriebsstörung, die ADHS-Patienten in allen Lebensbereichen blockiert, wird durch Stimulantien wirksam beeinflusst. Viele Patienten werden besonders durch die Verbesserung der Aufmerksamkeit und die Normalisierung des Antriebs erst wieder arbeitsfähig.

Patienten, die mit Stimulantien behandelt werden, sind nicht dauernd „hochgestimmt", oder gar euphorisch. Ganz im Gegenteil stellt sich eine sachliche und nüchterne Affinität zur augenblicklichen Lebenssituation ein. Gefühle und gefühlsbetonte Handlungen, Spontaneität und Impulsivität gehen auf ein weitgehend normales Level zurück. Überschauendes Denken, zielgerichtetes Planen (und Ausführen des Geplanten) und das ruhige Überprüfen und Einschätzen von Situationen vor dem Handeln wird möglich und immer mehr auch zur Gewohnheit.

Ganz sicher wird unter Stimulantien kein phantasievoller und kreativer Zeitgenosse zu einem trockenen Langweiler. Auch werden ADHS-Menschen unter Stimulantien keineswegs zu tagtäglich gleich „funktionierenden" Arbeitsmenschen. Höhen und Tiefen, Befindlichkeitsschwankungen und Seelenkummer werden ebenso intensiv erlebt wie ohne Medikament. Der entscheidende Unterschied besteht in der Beherrschbarkeit der ausufernden Phantasie und in der Zielgerichtetheit des Handelns. Ideen können jetzt auf ein Ziel hin verfolgt werden. Pläne werden ausgeführt und Arbeiten begonnen und beendet.

Vor allem aber können sich ADHS-Menschen erstmalig als so zuverlässig und so leistungsfähig erleben, wie es den in ihnen angelegten Fähigkeiten entspricht. An die Stelle der hohen Emotionalität und Spontaneität tritt Klarheit der Gedanken und Nüchternheit in der Einschätzung von Möglichkeiten und Ideen.

Patienten mit unbehandeltem ADHS berichten immer wieder von einem wahren Feuerwerk an sich überstürzenden Ideen, das sich oft genug völlig unvermutet in ihrem Gehirn abspielt. Leider kann es in der Regel nicht genutzt werden, da das Feuerwerk in dem Augenblick, in dem es entsteht, glänzen will – kurze Zeit darauf ist es schon verpufft.

Dies macht sich auch am Arbeitsplatz bemerkbar: Eben noch war der ADHS-Mensch hoch engagiert und beeindruckte durch eine Folge von brillanten Ideen. Doch kurze Zeit später bricht der „Hochzustand" zusammen. Die Motivation ist weg, mühsam müssen die gerade noch sprühenden Einfälle erinnert werden. Nicht einmal die einfachsten Sachverhalte will das Gedächtnis wieder preisgeben. Die Kollegen sind sprachlos. Aber nach der Tasse Kaffee am Nachmittag ist alles wieder da – die Gedanken überstürzen sich, alles ist gegenwärtig – doch niemand hört mehr zu!

Lara, eine promovierte Juristin vom impulsiven und hyperaktiven ADHS-Typus, arbeitet in einem Universitätsinstitut. Sie leitet eine Abteilung mit ausschließlich männlichen Mitarbeitern. Während der häufigen Teamgespräche fühlt sie sich oft besonders von der Situation stimuliert. Mit großem Elan und Eloquenz berichtet sie über Projekte. Doch wehe, ein Mitarbeiter stoppt sie durch „kleinliches" Zwischenfragen oder zeigt sich schwerfällig im Mitdenken! Laras Interesse und Motivation brechen zusammen. Langeweile, dieser von ihr so sehr gefürchtete Zustand, tritt ein: Lara wird unkonzentriert, springt plötzlich auf, bemerkt die erstaunten Blicke, macht einen Scherz und flieht aus dem Raum. Sie kann sich in diesem Zustand nicht einmal mehr an die Namen ihrer Mitarbeiter sicher erinnern. Lara empfindet sich und ihre intellektuellen Fähigkeiten als völlig unberechenbar. Leistungsphasen und Abstürze wechseln sich immer wieder ab. Fazit: Sie kann sich auf sich selbst nicht verlassen. Lara ist verunsichert und ihr Selbstbewusstsein leidet.

Mit einer wohlabgestimmten Therapie mit Stimulantien und nachfolgender psychotherapeutischer Behandlung werden Gleichmäßigkeit, Beständigkeit und Verlässlichkeit für Lara wieder möglich. Die von innen aufsteigenden Impulse wie heftige Bewegung, lautes Sprechen, übertriebenes Gestikulieren können jetzt für eine gewisse Zeit unterdrückt und in die „Warteschleife" gestellt werden. Gleich nach dem Ende der Konferenz wird sie die Treppen herunterlaufen. Aber das kann warten!

Ohne medizinische Behandlung wäre dies nicht möglich gewesen. Lara erlebt die Wirkung der Therapie als deutlich entlastend. Sie braucht sich immer seltener Sorgen wegen nachlassender Konzentration, vergessener Sachverhalte und ungezügelter Impulsivität zu machen. Sie fühlt sich entspannt und konzentriert.

Unter der Langzeitbehandlung mit Stimulantien erleben die meisten Erwachsenen nach ca. 12 Monaten eine deutliche Verbesserung ihres Kurzzeitgedächtnisses. Dann wird der allgegenwärtige Notizblock seltener benötigt und die Qualität der Arbeitsleistung wird immer weniger schwankend.

Welchen Wirkmechanismus haben Stimulantien?

Die Wirksubstanz aller in Deutschland verfügbaren Medikamente bei ADHS ist Methylphenidat. Eine Ausnahme bilden der Amphetaminsaft und der neu eingeführte Wirkstoff Atomoxetin. Die Wirkung von Amphetaminsaft ist der Wirkung von Methylphenidat weitgehend gleich, er hat allerdings eine längere Wirkdauer. Methylphenidat enthält als Kernsubstanz Phenylethylamin. Dieser Wirkstoff ist auch Bestandteil der Neurotransmitter Dopamin und Noradrenalin.

Methylphenidat hat eine zweifache Wirkung: Zum einen steigert es die Durchblutung des Gehirns, und zwar vor allem in den Bereichen, in denen sich die Störung vollzieht: im Stirn- und in den Schläfenlappen. Diese Gehirnregionen erhalten mehr Glukose, was das „regelgerechte" Funktionieren der Nervenzellen fördert. Der ADHS-Mensch leidet nicht mehr so stark an Überreizung, Übermüdung und Reizempfindlichkeit.

Darüber hinaus greift Methylphenidat aber auch in das Dopaminsystem ein. Wir erinnern uns: Nach dem derzeitigen Forschungsstand ist bei ADHS u. a. die Funktionsweise des Neurotransmitters Dopamin beeinträchtigt, also eines der Stoffe, die im Gehirn an der Weiterleitung von Informationen beteiligt sind. Durch einen genetisch bedingten Fehler in den Synapsen wird bei der Reizweiterleitung im „synaptischen Spalt" zwischen zwei Synapsen ein Teil des Dopamins zu früh von der „empfangenden" Nervenzelle aufgenommen und dann in einem Stoffwechselprozess an die Nervenzelle zurückgegeben, die die Information „ausgesendet" hat (Dopamin-Wiederaufnahme). Dieser Teil des Dopamins fehlt dann beim eigentlichen Prozess der Reizweiterleitung. Die Folge: Es fehlen Teile der weitergeleiteten Information. Die Information ist „unscharf" geworden; entscheidende Merkmale können nicht mehr ohne weiteres und blitzschnell herausgefiltert werden.

Methylphenidat nun verhindert die zu frühe Selektierung des Transmitters Dopamin im synaptischen Spalt. Methylphenidat greift also direkt in den Mechanismus der Reizweiterleitung im Hirn ein. Dadurch wird das Wahrnehmen, das Transportieren und das schnelle Weiterleiten von Sinnesreizen erleichtert. Gelerntes kann durch die Medikamentenwirkung besser abgespeichert und bei Bedarf zuverlässig wieder abgerufen werden.

Methylphenidat ist eine Substanz, die sehr schnell wirksam wird. Die dopaminregulierende Wirkung wird schon nach ca. 20–30 Minuten spürbar. Sie hält dann im Mittel, 3–3 ½ Stunden an. Die Wirkzeiten schwanken individuell und können kürzer oder länger sein.

Wenn nicht rechtzeitig eine neue Tablette genommen wird, hört die regulierende Wirkung rasch auf. Der alte Zustand von Unkonzentriertheit, Unlust, ausschweifender Phantasie und mangelnder Arbeitsleistung tritt erneut und umso heftiger ein. Patienten berichten dann oft über leichten Kopfschmerz. Erschöpfung, Müdigkeit und Unlust dominieren dann das Verhalten. Einen solchen „Absturz" nach der Wirkung von Methylphenidat nennt man ein Rebound-Syndrom. Dieser außerordentlich unangenehme Zustand wird von den Betroffenen nicht sofort bemerkt. Er ist ihnen ja aus der Zeit vor der Behandlung noch bestens vertraut. Außenstehende, die mit dem ADHS-Patienten leben und arbeiten, bemerken in der Regel schnell das veränderte Verhalten und reagieren häufig mit Unverständnis.

Wenn ein Patient mit Stimulantien behandelt wird, muss seine wichtigste Aufgabe zunächst darin bestehen, die regelmäßige lückenlose Einnahme während der Wachzeit sicherzustellen. Nur so können in allen Lebenslagen und Situationen positive Erfahrungen mit der eigenen neuen Bestimmtheit und Leistungsfähigkeit gemacht werden. Auch das ständig wache und unermüdlich arbeitende Hirn wird deutlich entlastet. Wahrnehmungen passieren die „Datenautobahn" im Hirn ungehindert und ohne Verlust. Wichtiges kann dauerhaft abgespeichert werden und steht bei Bedarf zur Verfügung. Leistungsabstürze werden vermieden. Der Antrieb und die Durchhaltekraft sind auf einem normalen Level – auch bei anspruchsvollen und schwierigen Tätigkeiten. Langweilige und monotone Routinearbeiten können trotz anfänglicher Unlust begonnen und beendet werden.

Die eigene Leistungsfähigkeit, Einsatzfreude und Motivation erstaunt die Patienten mit ADHS selbst am meisten. Gegen 18.00 Uhr wird bei Erwachsenen die Tabletteneinnahme meist beendet. Sollte der ADHS-Mensch am Abend noch Leistungen erbringen müssen, so kann er um 18.00 Uhr noch einmal eine eventuell kleinere Menge seines Medikaments nehmen. Patienten mit schweren Ein- und Durchschlafstörungen profitieren von einer kleinen Medikamentengabe kurz vor dem Schlafengehen. Sie schlafen dann besser ein und träumen nicht so extrem unruhig und heftig. Das Aufwachen in der Nacht wird seltener.

Wie bei ADHS-Kindern führen auch bei Erwachsenen Stimulantien nicht zu einer Abhängigkeit. Dies liegt unter anderem auch an dem verzögerten Wirkungseintritt von Methylphenidat von ca. 20–30 Minuten. Auch wird die Substanz schnell verstoffwechselt und ausgeschieden: Nach ca. sechs Stunden ist bereits keine Substanz mehr nachweisbar. Stimulantien müssen nicht von jedem ADHS-Patienten überhaupt oder langfristig eingenommen werden. Wenn das Syndrom nur leicht vorhanden ist, der Patient gut sozial eingebunden ist und eine befriedigende Tätigkeit gern und mit ausreichender Qualität ausübt, besteht keine dringende Notwendigkeit, Medikamente zu verordnen. Wenn allerdings mehrere Indikationen (vgl. Seite 46) zutreffen und der Patient unter einem hohen Leidensdruck steht, sollte mit der medikamentösen Behandlung nicht gezögert werden.

Die erste Behandlungsphase wird – bei guter Compliance und Wirksamkeit – einen längeren Zeitraum umfassen. In der Regel wird es sich um zwölf bis sechzehn Monate handeln. Wenn sich bis dahin, auch mit Hilfe des gleichzeitig durchgeführten multimodalen Therapiekonzepts gute Entwicklungen vollziehen konnten, kann ein erster Auslassversuch gemacht werden. In einigen Fällen kann die Medikation schrittweise zurückgenommen werden, in anderen wird sie noch andauern müssen. Dies ist individuell sehr unterschiedlich und sollte natürlich in enger Absprache mit dem behandelndem Arzt entschieden werden.

Da ADHS genetisch festgelegt ist und einen chronischen Verlauf nimmt, kann auch bei guter Medikamentenwirkung nicht auf ein Ausheilen der Störung geschlossen werden. Die Symptome können zwar durch Medikamente stark gemildert werden, nach längerer Nichteinnahme, besonders in stressreichen Zeiten, werden sie aber in der Regel zurückkehren. In Prüfungszeiten, bei besonderer emotionaler Belastung (Scheidung, Tod eines geliebten Menschen, Berufswechsel, Verlust der Arbeit usw.) können bis dahin erfolgreich kompensierte ADHS-Symptome wieder machtvoll in das Leben eingreifen.

Eine kritische Zeit scheint das Lebensalter um dreißig Jahre zu sein. In diesem Alter kommen Patienten vermehrt zur Überprüfung ihrer ADHS. Auch Studenten mit ADHS, die ihre gewohnten Strukturen in Schule und Elternhaus verlassen mussten, können sich, bei deutlich ausgeprägtem Syndrom, nicht selbst neue Strukturen schaffen. Sie studieren dann unter Umständen zehn Semester oder mehr und sind dabei keineswegs nachlässig. Ohne äußere Hilfe gelingt es ihnen trotzdem nicht, die eigenen Aktivitäten auf das Wesentliche zu lenken und ihr Ziel ökonomisch und mit Nachdruck zu verfolgen. Auch hier heißt der Grundsatz: **Auslassversuche nicht zu früh ansetzen, immer so lange therapieren wie nötig.**

Bei einer nicht unerheblichen Zahl von Patienten wird das Medikament langfristig eingenommen werden müssen. Doch auch diese Patienten können von Einnahmepausen in den Ferien, im Urlaub oder während einer Kur profitieren. (Bei Kindern sind Auslassversuche erst nach einem längeren Zeitraum durchzuführen.)

Da die Wirkung von Methylphenidat sich durch Gewöhnung nicht abschwächt, gibt es keine Minderung der Wirkung in der Langzeittherapie. Es werden zum Erhalt der Wirkung auch keine immer höheren Dosen notwendig. Nebenwirkungen sind selten, und wenn sie doch auftreten sollen, verschwinden sie oft nach einigen Wochen. Sollten ernsthafte Befindlichkeitsstörungen auftreten, ist natürlich sofort der behandelnde Arzt zu benachrichtigen. Er wird die Therapie, wenn nötig, umstellen. Leichte Nebenwirkungen wie Mundtrockenheit und Appetitstörungen gehen meist relativ schnell vorbei.

Um kein Risiko einzugehen, sollte der Hausarzt in regelmäßigen Abständen die Blutwerte überprüfen und den Patienten untersuchen. So erhält man Sicherheit, ob das Medikament gut vertragen wird.

Es soll hier noch einmal betont werden:

> Stimulantien sind bei ADHS nach Stand der internationalen Forschung die schulmedizinisch richtigen Mittel der Wahl. Allerdings sollte eine medikamentöse Behandlung immer in ein multimodales Konzept eingebunden werden. Das bedeutet: Eine erfolgreiche Behandlung des ADHS geschieht immer **zuerst** durch Stimulantien, dann verbunden mit psychologischer Behandlung. Bei ermutigender Betreuung (Coaching) und Stressabbau können sich ungeahnte Entwicklungen vollziehen.

Atomoxetin –
ein neuer und viel versprechender Therapiestandard

Nicht alle Patienten profitieren von einer Behandlung mit Stimulantien. Ein bestimmter Teil von ihnen gehört zu den „Nonrespondern" (es kommt zu keiner merkbaren Verbesserung).

In einigen Fällen führen Nebenwirkungen zu einem Abbruch der Therapie.

Eine innovative und viel versprechende Substanz ist Atomoxetin, das seit Dezember 2004 in Deutschland als ADHS-Medikament der Firma Lilly für Kinder über sechs Jahren zugelassen ist. (In den USA bestehen schon Erfahrungen mit dem Wirkstoff.) Atomoxetin fällt nicht unter das Betäubungsmittelgesetz, wird deshalb auf einem normalen Rezept verschrieben. Der Wirkstoff ist unter dem Handelsnahmen „Strattera" auf dem deutschen Markt.

Den Daten von Studien in Deutschland zufolge soll die Substanz genauso wirksam wie Methylphenidat sein, dieses sogar noch in einigen Bereichen übertreffen.

Atomoxetin ist ein selektiver Hemmstoff des präsynaptischen Noradrenalintransporters und hat kaum eine Wirkung auf andere Neurotransmittersysteme. Es wirkt auch nicht direkt auf die Serotonin- und Dopamintransporter.

Die bis jetzt vorliegenden Studien zu Atomoxetin im Vergleich mit Placebo (Scheinmedikament) zeigten eine deutliche Verbesserung der Kernsymptome von ADHS, zudem seien wesentlich weniger Nebenwirkungen als bei Methylphenidat aufgetreten. Günstig ist die Dosierung: nur eine Tablette am Tag. **Die Wirkung soll den ganzen Tag und bis zum nächsten Morgen anhalten.** Es kann also nicht zu dem gefürchteten „Rebound" kommen. Dies wäre ein unschätzbarer Vorteil für die Betroffenen. Ungünstig: Bis zum Ansprechen auf die Therapie und dem Eintritt der vollen Wirksamkeit dauert es mit der neuen Substanz einige Wochen. Ist die volle Wirkung erreicht, kann das Medikament wegen meist guter Verträglichkeit langfristig eingenommen werden.

Die Zieldosis von Strattera beträgt 1,5 mg pro Kilogramm Körpergewicht. Es soll mit 0,5 mg begonnen werden. Unter der Einnahme kommt es zu einer leichten Blutdruck- und Pulserhöhung. Bei Patienten mit hohem Blutdruck und/oder Herzerkrankungen sollte das Medikament mit Vorbehalt verordnet werden.

So positiv die Wirkungsweise des Medikaments erscheinen mag, es ist dennoch zu früh für eine generelle Ablösung der bisherigen erfolgreichen Stimulantien. Letztere sind über Jahrzehnte erprobt und verfügen über eine exzellente Studien- und Datenlage. Die ADHS-erfahrenen Therapeuten werden in der Zukunft mit Atomoxetin sicher interessante Erfahrungen machen.

Compliance mit der Therapie

Methylphenidat wirkt – wie schon an anderer Stelle besprochen, nur ca. 3–3 1/2 Stunden. Diese kurze Wirkzeit birgt für Betroffene besondere Probleme. Einerseits kann dem ADHS-Menschen nur geholfen werden, wenn er sein Medikament zuverlässig regelmäßig zum richtigen Zeitpunkt einnimmt (das Medikament stellt dann in seiner Wirkung über den Tag eine Art Grundsicherung dar), andererseits ist dieses schwer zu erfüllen. Vorausschauendes Denken, Planen und rechtzeitiges Handeln sind Eigenschaften, die unter der Therapie erst wieder gelernt werden müssen.

Viele ADHS-Betroffene haben eine sehr eingeschränkte Selbstwahrnehmung und bemerken es an sich selbst nicht sofort, wenn die Wirkung der Tablette aufhört. Sie kommen dann sehr schnell in den „Rebound". Zumindest in den ersten Monaten der Medikamenteneinnahme werden Kontrollmechanismen auf jeden Fall notwendig sein. In der Apotheke gibt es Medikamentenklingelkästchen, die man sich unter den Pulli hängen kann. Ein akustisches Signal erinnert an die richtige Einnahmezeit und die Tablette kann genommen werden. Man kann auch ein Handy programmieren, welches dann an die Einnahme erinnert. Armbanduhren sind dabei ebenso nützlich.

ADHS-Menschen benötigen diese Hilfen unbedingt, da sie gerade aufgrund ihrer Störung ein besonderes Problem mit der Zeit zu dem exakten Einhalten von Terminen haben.

Langzeitpräparate

Wenn die richtige individuelle Dosis gefunden ist, kann eventuell auf ein Langzeitpräparat umgestiegen werden. Dann kann die Einnahme der Tablette auf ein bis zwei Mal täglich reduziert werden. Dies bedeutet natürlich eine große Erleichterung für Betroffene, denn das exakte, häufige Einnehmen entfällt.

Den langfristig wirkenden Präparaten, von denen in Zukunft auf dem deutschen Markt mehrere zur Verfügung stehen werden, wird die Zukunft gehören. Sie werden sich gegen die kurz wirkenden Präparate durchsetzen.

Dennoch wird das schnell wirkende und feiner zu dosierende Methylphenidat als normale Tablette seine Bedeutung sicher nicht verlieren. Zumindest als Einsteigermedikament – bis die endgültig benötigte Dosis feststeht – werden Ritalin, Medikinet und Equasym unverzichtbar bleiben.

Mit diesen sehr leicht und individuell zu dosierenden Medikamenten kann eine behutsame Ersteinstellung erfolgen. Die Gefahr einer anfänglichen Überdosierung stellt sich so nicht. Auch kann schrittweise aufdosiert werden, bis die individuelle Dosis gefunden ist. Entspricht dieser Tagesbedarf der Einstellung (Stärke) eines bestimmten Langzeitmedikaments, kann dann auf dieses umgestellt werden. Wenn ein Langzeitpräparat nicht vertragen wird, kann wieder auf das Anfangspräparat zurückgegriffen werden.

Vermutlich werden sich in der Langzeittherapie in Zukunft die Langzeitpräparate durchsetzen. Die Gründe dafür sind einleuchtend: Eine Tablette am Morgen wirkt bis in die Abendstunden. Der Patient kann völlig normal leben. Die kontinuierliche Abgabe des Wirkstoffs in das Blut ist zuverlässig sichergestellt.

Auch für Ärzte ergibt sich so mehr Sicherheit in der Therapie. Es wäre zu wünschen, dass Langzeitmedikamente bei ADHS künftig in mehreren Abstufungen ihrer Stärke hergestellt werden könnten. Die Stärke einer Langzeittablette geht ja immer von einer bestimmten Menge als Tagesdosis aus. Diese kann bei einem Patienten zu hoch, bei einem anderen zu niedrig sein.

Wenn der tatsächliche Gebrauch etwas höher ist als die Einstellungsstärke der Tablette, kann man sich helfen, indem man noch eine kleine Menge normales Methylphenidat zusätzlich nimmt. Dann muss aber wieder an die regelmäßige Einnahme gedacht werden!

Übrigens, die Tablettenwirkung ist u. U. schneller verbraucht, wenn der ADHS-Mensch eine große emotionale Erregung oder körperliche Anstrengung durchgemacht hat. Auch besonders aufregende und anstrengende Ereignisse können dazu führen, dass die Tablette schneller abgebaut wird (Prüfungen, Verkehrsunfall …). Dann muss unter Umständen eine kleine Menge Methylphenidat zusätzlich genommen werden. Dies ist dann besonders wichtig, wenn der ADHS-Mensch selbst Auto fährt.

Im Normalfall fahren ADHS-Menschen *mit* Methylphenidat sicherer und aufmerksamer Auto als ohne Medikament.

Man sollte sich aber in jedem Fall vom behandelnden Arzt eine Bescheinigung geben lassen, die die Notwendigkeit der Medikamenteneinnahme bescheinigt. Der Hinweis, dass diese die Fahrtüchtigkeit *nicht* beeinflusst, darf auf keinen Fall fehlen.

Bei privatem oder beruflichem Aufenthalt im Ausland muss eine Bescheinigung nach dem Schengener Abkommen mitgeführt werden. Diese Bescheinigung füllen die behandelnden Ärzte aus und schicken das Dokument an die zuständige Behörde.

Medikamente – Vorteile und Nachteile

Alle augenblicklich in Deutschland erhältlichen ADHS-Medikamente sind für Kinder zugelassen. Für Erwachsene besteht keine Zulassung. Alle ADHS-Medikamente sind bei Erwachsenen ebenso wirksam wie bei Kindern. Die Kassen sind über das achtzehnte Lebensjahr hinaus nicht verpflichtet, die Kosten zu übernehmen. Eine Ausnahme bilden Kinder, die bereits über einen längeren Zeitraum behandelt wurden und deren Medikation über das achtzehnte Lebensjahr hinaus fortgeführt werden soll.

Die Altersbeschränkung ergibt sich daraus, dass zum Zeitpunkt der Zulassung ADHS bei Erwachsenen noch weitgehend unbekannt war und keine entsprechenden Forschungsergebnisse vorlagen. Bei der Verschreibung für Erwachsene handelt es sich um eine so genannte „Off-Label-Verordnung". Diese Verordnung erfolgt in der Regel auf einem Privatrezept ohne den Anspruch der Kassenerstattung.

Das Bundessozialgericht (BSG) legte fest, dass eine Verordnung von Medikamenten außerhalb des Zulassungsbereichs zu

Lasten der gesetzlichen Krankenversicherung möglich ist, und zwar dann, wenn:
- eine lebensbedrohliche oder die Lebensqualität auf Dauer nachhaltig beeinträchtigende Erkrankung behandelt werden muss,
- keine andere Behandlungsmöglichkeit vorhanden ist,
- und die begründete Aussicht besteht, mit dem Präparat einen Behandlungserfolg zu erzielen.

Obwohl es unstrittig ist, dass eine ausgeprägte ADHS den normalen Lebensvollzug oft gravierend beeinträchtigt und einen hohen Risikofaktor für die Ausprägung von Begleiterkrankungen darstellt, sind die Krankenkassen oft auch nach einem ausführlichen ärztlichen Gutachten nicht bereit, in einer Ausnahmeregelung die Medikationskosten zu übernehmen.

Die Betroffenen stehen dann vor dem Dilemma, dass zur Behandlung ihrer Krankheit zwar entsprechende Medikamente zur Verfügung stehen, diese aber nicht zu Lasten der gesetzlichen Krankenkassen verordnet werden dürfen. Der behandelnde Arzt steht wiederum vor dem Dilemma, zu wissen, dass er seinem Patienten höchstwahrscheinlich gut helfen könnte, ihm aber seitens der Krankenkassen die Hände gebunden sind. Augenblicklich bleibt erwachsenen ADHS-Patienten nur die Möglichkeit, eine Einzelfallentscheidung der gesetzlichen Krankenkassen zu erwirken oder das Medikament selbst zu bezahlen. Es bleibt zu hoffen, dass diese ungute Situation bald beendet wird – sei es durch eine großzügigere Handhabung von Einzelfallentscheidungen oder durch die baldige Zulassung der Medikamente auch für Erwachsene.

Ritalin ist das älteste ADHS-Medikament in der ADHS-Therapie.
Der Grundstoff ist Methylphenidat. Die Tabletten sind auf 10 mg eingestellt. Sie lassen sich teilen.
Die Wirkung tritt nach 20–30 Minuten ein und hält ca. 3,5 Stunden an.

Vorteil:	Mit Ritalin kann sehr fein und flexibel auf schwankenden Bedarf reagiert werden. Die Einnahmemenge kann sehr fein dosiert werden.
Nachteil:	Das Medikament muss exakt zur richtigen Zeit genommen werden – Rebound-Gefahr!
Medikinet	Das Medikament ist seit 2000 auf dem Markt und gleicht in der Zusammensetzung und Wirkung Ritalin. Die Trägersubstanz ist anders: Medikinet ist glutenfrei (wichtig für Patienten mit Zöliakie).
Vorteil:	Für Glutenempfindliche verträglich – sonst wie Ritalin.
Nachteil:	exakte Einnahme, sonst Rebound-Syndrom!
Medikinet retard	ist eine Neueinführung der Firma Medice. Als Langzeitpräparat des bekannten Medikinet hat es eine Wirkdauer bis zu acht Stunden. In der Regel reicht eine einmalige Einnahme am Tag. Es besteht keine Reboundgefahr.
Equasym	ist ebenfalls ein Medikament mit dem Wirkstoff Methylphenidat. Es gibt Equasym als 5 mg-Tabletten und 20 mg-Tabletten.
Vorteil:	Equasym wirkt ebenso schnell wie Ritalin.
Nachteil:	exakte Einnahme, sonst Rebound-Syndrom.
Ritalin SR	ist die retardierte Form des „normalen" Ritalin. SR hat eine Wirkzeit von ca. 6–8 Stunden. Die Wirkung tritt verzögert ein (ca. 1 Std.). Eventuell muss die Zeit bis zum Wirkungseintritt mit etwas sofort wirkendem Ritalin überbrückt werden. Ritalin SR ist in Deutschland nicht verfügbar. Es kann aber über die internationale Apotheke aus der Schweiz bestellt werden. Die Tabletten sind auf 20 mg eingestellt. Die Einmal-am-Tag-Tablette entspricht 2 Tabletten kurzwirkenden Ritalins.

Vorteil: Über einen langen Zeitraum muss nicht an eine Tabletteneinnahme gedacht werden.
Nachteil: Die Einnahmemenge ist starr festgelegt. Eventuell muss mit normalem Ritalin ergänzt werden.

Concerta® ist seit Anfang 2003 in Deutschland zugelassen. Methylphenidat wird in einem speziellen Kapselsystem verpackt. Durch lasergebohrte Löcher in der Kapsel wird der Wirkstoff langsam freigegeben. *Concerta hat eine Wirkzeit von bis zu 12 Stunden.* Die Einstellungen sind 18 mg, 36 mg.
Vorteil: Eine Kapsel am Tag genügt. Die Gefahr eines Rebounds besteht nicht.
Nachteil: Die Einnahmemenge ist starr festgelegt, wenn nötig, muss mit normalem Ritalin ergänzt werden.

Alle genannten ADHS-Medikamente fallen unter das Betäubungsmittelgesetz und müssen vom Arzt auf einem entsprechenden, besonderen Rezept verschreiben werden. Diese Maßnahme dient in erster Linie dem Schutz der betroffenen Kinder und dem Schutz vor Missbrauch. Der Arzt kann anhand seiner Unterlagen und der Duplikate der Rezepte genau sehen, wann wieder ein neues Rezept notwendig ist.

Er wird nur dann ein neues Rezept ausstellen, wenn der normale, festgesetzte Verbrauch (wird auf dem Rezept vermerkt) mit der Länge der Einnahmezeit übereinstimmt. So wird einem eventuellen Missbrauch des Medikaments durch andere Personen entgegengewirkt.

> Alle bei ADHS eingesetzten Medikamente wirken bei Patienten mit ADHS nicht abhängig machend.

Alternative Therapien und Naturheilverfahren

Viele Erwachsene mit ADHS und erst recht die Eltern von Zappelphilipp und Traumsuse stehen der wirksamen und zuverlässigen Behandlung mit Stimulantien sehr kritisch, nicht selten ablehnend gegenüber. Das ist insofern verständlich, als die Behandlung eines in den meisten Fällen chronisch verlaufenden Krankheitsgeschehens über einen langen Zeitraum sehr sorgfältig durchgehalten werden muss. Die teilweise fehlerhafte Berichterstattung in den Medien trägt zur Verschärfung der kontrovers geführten Debatte zwischen Gegnern und Befürwortern der medikamentösen Therapie bei ADHS bei und verstärkt die Unsicherheit bei den Betroffenen.

So werden u.U. aus Angst und Zweifel dringend benötigte Therapien nicht eingeleitet oder begonnene wieder abgebrochen. Es geht viel Zeit verloren, bis wirksame Therapiemaßnahmen eingeleitet werden können, wenn sich alternative Therapien als gar nicht oder zu wenig wirksam erwiesen haben. Dies hat auch das Bundesgesundheitsministerium erkannt und schreibt in einer Pressemitteilung 2002: „… ich erhoffe mir auch, dass die öffentliche Diskussion nicht weiterhin mit widersprüchlichen und unverantwortlichen Botschaften zur medikamentösen Behandlung behaftet ist …" (Consensuspapier zur Diagnose und Behandlung von ADHS).

ADHS ist eine neurologische Erkrankung wie andere auch. Bei der Behandlung eines Anfallsleidens – eine ebenfalls neurologische Erkrankung – wird gegen den Einsatz wirkungsvoller Neuroleptika (die den Organismus stärker belasten als Stimulantien) nicht polemisiert. Man ist von der Notwendigkeit ihrer Anwendung überzeugt.

Auch ADHS ist – darin besteht internationaler Konsens – eine neurologische Störung und die Patienten haben ein Recht darauf, medizinisch korrekt und nach dem Stand des heutigen Wissens behandelt zu werden.

Was also sind die Ursachen für die z.T. so vehemente Ablehnung der medikamentösen Therapie bei ADHS? Ein besonderer Grund wird sicherlich in der noch immer mangelnden sachlichen Aufklärung breiter Bevölkerungsschichten über die neurobiologische Natur der Störung liegen.

Irrationale Ängste vor einem Medikament, das aus Gründen der Sicherheit und Überprüfbarkeit auf einem Rezept für Betäubungsmittel verschrieben werden muss, sind nachzuvollziehen. Auch geht es um die Behandlung einer chronischen Erkrankung, also eine Langzeitbehandlung. Befürchtungen über die möglichen Spätfolgen und die langfristige Verträglichkeit der Behandlung sollten ausführlich im Gespräch mit dem behandelnden Arzt erörtert werden. Der große Informationsbedarf der Patienten kann von dem behandelnden Therapeuten aus Zeitgründen nicht immer in einem wünschenswerten Umfang abgedeckt werden. In diesem Fall sollten Patienten nach Möglichkeit eine Selbsthilfegruppe einer der großen ADHS Vereinigungen (Adressen im Anhang) aufsuchen. Hier erhalten sie in der Regel sehr gute Informationen und nicht selten auch Betreuung.

Manche der verunsicherten und schlecht informierten Patienten wenden sich aus Unkenntnis weitgehend kritiklos Therapien zu, von denen sie gelesen oder gehört haben und die ihnen ungefährlich erscheinen. Ungefährlich heißt aber nicht erfolgreich! Meist wenden sie sich erst dann an einen ADHS-Spezialisten, wenn die ADHS-bedingten Probleme bereits den Arbeitsplatz gefährden, die Lebensgemeinschaft in Frage stellen und Komorbiditäten einen erheblichen Leidensdruck erzeugen.

Es besteht kein Zweifel daran, dass ein deutlich ausgeprägtes ADHS allein mit naturheilkundlichen Methoden oder alternativen Therapien **weder geheilt noch ausreichend gemildert werden kann.**

Trotz allem können Naturheilverfahren als **Ergänzung** zur medikamentösen Behandlung eine **sehr sinnvolle Unterstützung** sein. Doch auch hier sollte man die Spreu vom Weizen trennen und auf bewährte Heilverfahren zurückgreifen.

Viele Verfahren der Natur- und Erfahrungsheilkunde stärken die Selbstheilungskräfte der Patienten und können eine bessere seelische Gestimmtheit bewirken. Eine Lebensweise, die sich den Gegebenheiten anpasst, eine ausgewogene Ernährung mit gesunder Mischkost, ausreichend Bewegung, Spiel und Spaß üben eine wohltuende und entlastende Wirkung aus. An einem bestehenden ADHS wird nichts geändert, aber der Patient kann spannungsfreier damit umgehen.

Folgende Naturheilverfahren und alternative Verfahren werden von ADHS-Patienten häufig genutzt:

- Ernährungsumstellungen, Diäten, Nahrungsergänzungsmittel, Afa-Algen,
- Phytotherapeutika (pflanzliche Heilmittel), Passiflora, Gingko,
- Homöopathie, Komplexmittel, klassische Homöopathie,
- Magnetfeldstimulationstherapie,
- Physiologische Therapien,
- Blütentherapie nach Dr. Bach.

Ernährungsumstellung, Diäten

Vor einigen Jahren erfreuten sich die „Feingold-Diät" und die „phosphatreduzierte Diät" großer Beliebtheit.

Die Feingold-Diät geht davon aus, dass bei vielen Patienten eine allergische Reaktion auf Salizylate besteht. In einer besonderen Ernährungsform werden die Salizylate gemieden.

Die phosphatreduzierte Diät geht davon aus, dass der Phosphatgehalt in der normalen Ernährung zu hoch ist und dadurch Einfluss auf den Hirnstoffwechsel nimmt, was wiederum zu Verhaltensstörungen führen kann.

Die Wirksamkeit beider Diäten konnte in Doppelblindstudien nicht nachgewiesen werden.

Die zuckerarme Diät wird kontrovers diskutiert, bei einigen Patienten kann eine Einschränkung der Zuckermenge geringfügige Verbesserungen bewirken.

Die oligo-antigene Diät (Egger et al. 1995) weist als einzige Diät eine gewisse Wirksamkeit auf. Hier werden bestimmte Nahrungsmittel, auf die der Patient allergisch reagiert, aus dem Speiseplan herausgenommen. Bei ungefähr 10 bis 15 Prozent der Patienten gab es Verbesserungen. Eine dauerhafte Verbesserung oder Ausschaltung der Symptome des ADHS wurde nicht erreicht.

Nahrungsergänzungsmittel

Orthomolekulare Medizin

Die orthomolekulare Medizin geht davon aus, dass durch verschiedene Einflüsse (Krankheiten, schlechte Ernährung) Mikronährstoffe im Körper nicht ausreichend vorhanden sind.

Große Dosen von Vitamin C, Multivitaminpräparaten, die Substitution von Eisen, Zink, Magnesium, Kalzium oder besonderen Fettsäuren sollen ein ADHS mildern oder heilen. Leider gibt es bis jetzt keinen einzigen Hinweis auf einen positiven Nutzen bei ADHS.

Möglicherweise wird das Allgemeinbefinden positiv beeinflusst (was immerhin ein Erfolg wäre). Das ADHS bleibt davon unberührt.

Ein ausgleichender Effekt auf die Psyche wurde neuerdings durch die Einnahme von Omega-3-Fettsäuren nachgewiesen, besonders, wenn es sich um Patienten mit der Komorbidität „depressive Verstimmung" handelt.

Afa-Algen

Afa-Algen, die sich nach einem Vulkanausbruch am Klamath-See in Ontario bildeten, enthalten Spurenelemente, Vitamine und essentielle Fettsäuren. Diese Inhaltsstoffe könnten sie zu einem wertvollen Spender von Omega-3-Fettsäuren machen, wenn nicht ihre ausgesprochene Neurotoxizität (giftig für die Nerven) und ihre Hepatotoxizität (giftig für die Leber) in Studien nachgewiesen wäre.

Das Bundesgesundheitsministerium hat vor dem Verzehr von Afa-Algenpräparaten (Pulver) nachdrücklich gewarnt. Afa-Algen sind bei ADHS nicht wirksam.

Phytotherapeutika (Mittel aus der Pflanzenheilkunde)

Gingko biloba
In einer Untersuchung an Kindern hat Gingko eine *schwach ähnliche Wirkung* wie Methylphenidat gezeigt. Allerdings wirkte Gingko nur bei der Hälfte der Kinder. Die Wirkung auf Erwachsene mit ADHS ist noch nicht untersucht worden. Erwachsene können, mit Hilfe ihres Arztes einen Versuch starten. Gingko hat keine schädigende Wirkung.

Heilkräuter, Pflanzenauszüge, Tees
Die Pflanzenwelt hält eine Fülle wirksamer Substanzen bereit, die seit Jahrhunderten genutzt werden. Leider ist jedoch noch kein Kraut gegen ADHS gewachsen. Baldrian, Passiflora, Melisse und Hopfen sind die bekanntesten Heilkräuter, die unruhigen Zapplern helfen können, zu mehr innerer Ruhe zu kommen. Einen Einfluss auf den gestörten Dopaminstoffwechsel haben diese Substanzen leider nicht. Vorsicht: Es besteht die Möglichkeit einer paradoxen Reaktion: Man wird dann noch unruhiger. Bei Kindern sieht man diese Reaktion häufig.

Johanniskrautpräparate
Das Johanniskraut hat als hübscher, goldgelb blühender Busch eine lange Tradition als Heilpflanze in der Naturheilkunde. Nachdem Studien in den letzten Jahren die stimmungsaufhellende und beruhigende Wirkung nachgewiesen haben, ist der hochkonzentrierte Wirkstoff des Hypericum zu einer häufig verordneten Arznei geworden. Johanniskrautpräparate sind eine bewährte Zusatzmedikation, wenn ADHS-Menschen unter Verstimmungen und/oder Depressionen leiden. Auch bei Schlafstörungen kann die Substanz helfen.

Klassische Homöopathie

Die Homöopathie ist eine der klassischen Verfahren der Naturheilkunde und setzt einen sehr erfahrenen und umfangreich weitergebildeten Therapeuten voraus. Für jeden Patienten wird eine vollkommen individuelle Therapie zusammengestellt. Auch wenn das Allgemeinbefinden und die seelische Gestimmtheit unter Umständen gebessert werden können, ist die Homöopathie gegen die Hirnfunktionsstörung machtlos. Das Komplexmittel „Zappelin" (für Kinder) ist in seiner Wirkung wohl eher ein Placebo.

Physiologische Therapien

Atlastherapie, Manualtherapie

Die Atlastherapie arbeitet unter der Prämisse, ADHS sei die Folge einer Mangeldurchblutung des Hirnstamms. Diese wird durch eine Blockierung bestimmter Halswirbel ausgelöst. Die Lösung der Blockade soll die normale Durchblutung wieder herstellen.

Fazit: ADHS hat andere Ursachen. Falls jedoch eine Blockade besteht und behoben wird, kann dies die medizinische ADHS-Therapie nur unterstützen.

Kinesiologie

Die Kinesiologie verknüpft Elemente aus der Chiropraktik mit der chinesischen Energielehre. Durch ganzheitliche Ansätze sollen die natürlichen Lebensenergien aktiviert und das seelische und körperliche Gleichgewicht wieder hergestellt werden. Viele Menschen empfinden die kinesiologischen Behandlungen als entspannend und angenehm. Es gibt jedoch keine wissenschaftlich nachvollziehbare Hypothese. Es gibt keine kontrollierten Studien, die eine Wirksamkeit der Methode belegen.

Magnetfeld-Stimulationstherapie

Diese Therapie wird nur von speziell weitergebildeten Therapeuten durchgeführt. Sie soll eine Anregung der Neurotransmitterfunktionen bewirken. Die Nervenzellen sollen stimuliert werden, gleichzeitig erhöht sich die Stoffwechselaktivität. Die positive Wirkung beruht auf Einzelbeobachtungen und ist nicht wissenschaftlich nachgewiesen.

Selbstregulationstechniken

Neurofeedbacktherapie
Diese Therapie gehört zu den Entspannungstechniken. Sie kann in ärztlichen Praxen durchgeführt werden. Als Zusatztherapie kann sie bei ADHS sinnvoll sein.

Autogenes Training
Dieses Entspannungsverfahren ist ein lang bewährtes, etabliertes Training. Es darf nur von speziell weitergebildeten Therapeuten durchgeführt werden. Kurse gibt es in Arztpraxen und Volkshochschulen.

ADHS-Menschen haben allerdings erfahrungsgemäß oft Schwierigkeiten mit den Aufforderungen, Ruhe/Wärme/Schwere zu empfinden. Dies kann sie unter Umständen noch unruhiger machen. Autogenes Training eignet sich nicht für ADHS-Kinder.

Progressive Muskelrelaxation nach Jacobsen
Zur Ruhe kommen, abschalten, entspannen! Diese ebenfalls seit langem bewährte Methode ist für Menschen mit ADHS ganz besonders gut geeignet, weil man sich in einer aktiven Art entspannt. Jeder ADHS-Mensch sollte diese Methode erlernen und anwenden! Auch Kinder lernen sie spielerisch und übern erfahrungsgemäß mit Spaß.

Fazit: Alle angegebenen Entspannungsverfahren können helfen, das Leben mit ADHS leichter zu gestalten. Auf das Krankheitsgeschehen selbst haben sie keinen Einfluss.

Tomatistherapie

Diese Therapie wendet sich an ein gestörtes auditives System. Durch spezielle Techniken soll eine Nachreifung des spezifischen Hörens erreicht werden.

Fazit: Erfolge bei der besseren Verarbeitung des Gehörten gibt es in Einzelfällen. Es gibt keine Studien, die die Wirkung der sehr teuren Therapie nachweisen. ADHS bleibt davon unberührt.

Blütenessenzen nach Dr. Bach

Die „Bachblütentherapie" ist eine Sonderform der Homöopathie. Bestimmte Pflanzenauszüge sollen eine seelische und körperliche Harmonisierung bewirken. Kinder und Erwachsene empfinden die Therapie meist als sehr wohltuend und beschreiben Erfolge. Es gibt leider keine kontrollierten Studien zur Wirksamkeit. ADHS wird von der Bachblütentherapie nicht beeinflusst.

Zusammenfassung

Patienten weichen häufig auf einige der hier beschriebenen alternativen Heilmethoden aus, wenn sie vor einer medizinisch notwendigen ADHS-Therapie zurückschrecken.

In keinem Fall stellen diese Heilmethoden eine wirksame Alternative zur medikamentösen ADHS-Therapie mit Stimulantien dar.

Einige Methoden, wie zum Beispiel Entspannungsverfahren, können als begleitende Therapie sehr sinnvoll sein. Naturheilverfahren sind – bei bestimmungsgemäßem Gebrauch – im Allgemeinen harmlos (Ausnahme: Afa-Algen).

Sie können das Allgemeinbefinden verbessern, die Gestimmtheit heben und die Selbstheilungskräfte anregen.

Um den Hirnstoffwechsel zu beeinflussen und eine Störung im dopaminergen Stoffwechsel zu beheben, bedarf es anderer Therapien.

Ein alleiniges Ausweichen auf alternative Therapien birgt die Gefahr, dass zu viel Zeit mit bei ADHS unwirksamen Mitteln verloren geht. Auch wenn das subjektive Lebensgefühl ein besseres geworden ist, muss dies noch längst keine Verbesserung in der Arbeitsweise des Nervensystems bedeuten. Erfahrungsgemäß wird die Therapie mit Stimulantien leider oftmals viel zu spät eingesetzt, nämlich dann, wenn die dritte Abmahnung im Beruf ausgesprochen, die Partnerschaft zerbrochen ist und der ADHS-Mensch sich selbst nicht mehr ertragen kann.

Die medikamentöse Behandlung wird erfahrungsgemäß lange andauern. Es wird viel Zeit vergehen, bis auch die seelischen Wunden heilen können.

Fazit: Die Hirnfunktionsstörung sollte von Anfang an schulmedizinisch behandelt werden. Entspannungstherapien und psychologische Therapien helfen der Seele zu heilen. Einige Naturheilverfahren sind bei ADHS eine gute Begleittherapie.

Teil IV

Erfolg mit ADHS

Marilyn Monroe, Jackie Chan, Steven Spielberg, Thomas Edison, Wilhelm Busch, John F. Kennedy, Astrid Lindgren, Bertold Brecht, John Lennon, George Orwell, Whoopie Goldberg ... Eine kleine Auswahl von Menschen, die zeitlebens mit den Symptomen eines ADHS kämpften oder kämpfen. Viele konnten die ADHS-Eigenschaften mal kreativ und manchmal visionär in Vorteile umwandelten.

Künstler, Wissenschaftler, Sportler, Schauspieler, Dichter und Erfinder, aber auch der Junge um die Ecke – ADHS-Menschen sehen wir in allen Berufen und allen sozialen Schichten. Mit der ihnen eigenen Impulsivität und Begeisterungsfähigkeit, ihrem Tempo und der unerschöpflichen Energie können sie auch dann noch ganz bei der Sache sein, wenn allen anderen schon die Puste ausgegangen ist. **Trotz allem haben sie ein behinderndes, reales, biologisch fundiertes Leiden, das ihnen immer wieder Grenzen setzt.** Begeisterung, ja Euphorie vermag sie schnell und nachhaltig zu stimulieren. Gedanken und Phantasie schweifen frei und schon ist eine Idee, eine Vision, eine ungewöhnliche Lösung von Konflikten geboren. Diese kreativen Gedanken entstehen von selbst, oft ungeplant, aber immer spontan aus einer ungewöhnlichen Verknüpfung von Gedanken. Impulsiv und ungeplant kommen ADHS-Menschen die besten Einfälle, sie sprudeln sozusagen über und haben Mühe, sich wenigstens die wichtigsten Ideen schnell zu notieren. Oft kommen diese Ideen und Gedankenstürme in den Augenblicken zwischen „noch schlafen" und „schon fast wach", also am Morgen. Viele ADHS-Betroffene haben deshalb immer einen Notizblock auf dem Nachttisch.

Durch ihre Überreaktivität ist bei ADHS-Menschen die Psyche dauernd in Bewegung. Wenn sich eine Idee durchgesetzt hat, sind sie ihr gänzlich verfallen. Begeisterung und Hypermotiviertheit erhalten dann das Interesse ausreichend lange aufrecht. So können Pläne oder Projekte gut beendet werden.

ADHS-Menschen vom unruhigen ADHS-Typus leben sozusagen immer auf der Überholspur. Wer rastet, rostet, ist ihre Devise. In sozialen Berufen sehen wir viele Menschen mit dem ADHS-Typus ohne Hyperaktivität. Sensibel und einfühlsam gehen sie mit ihren Mitmenschen um und setzen sich, wenn es nötig ist, vehement für sie ein. Sie haben vom ersten Tag ihres Lebens an erfahren, was es bedeutet, mit Behinderungen leben zu müssen. Es fällt ihnen nicht schwer, andere Menschen mit ihren Defiziten und Begrenzungen zu verstehen. Nur allzu gut sehen sie sich an ihre eigenen Probleme erinnert.

Viele fühlen sich vielleicht auch deshalb zu Menschen mit Behinderungen hingezogen, weil sie deren seelische Schmerzen, Angst und Verzweiflung so gut nachvollziehen können. Obgleich Geduld sonst nicht gerade ihre Stärke ist, können sie doch unendlich geduldig mit Menschen umgehen, die ihre Hilfe erbeten haben.

Während sie anderen bei der Bewältigung ihrer Probleme beistehen, arbeiten sie gleichzeitig ihre eigenen seelischen Verletzungen noch einmal auf. Jeder Sieg für einen anderen ist gleichzeitig auch ein Sieg für sich selbst: Ich kann es! Ich bin doch nützlich! Ich bin klug! Ich bin wichtig für andere!

In kirchlichen Einrichtungen oder auch in Selbsthilfeverbänden arbeiten viele Menschen mit ADHS unermüdlich und mit nicht nachlassender Energie. Manche füllen ein Ehrenamt aus und engagieren sich zeitlich weit mehr, als es ihren Partner freut. ADHS-Menschen können Stützen der Gesellschaft sein. Ohne ihr Engagement wären viele soziale und caritative Dienstleistungen nicht denkbar. Menschen mit ADHS arbeiten hart an sich selbst und ebenso für andere; sie sind dabei glücklich und fühlen sich befreit. Jeder Sieg für ein gutes Ziel ist gleichzeitig auch ein Sieg für sich selbst, um die eigene, so früh verlorene Selbstachtung wieder aufzubauen.

Wenn ADHS-Menschen älter geworden sind, haben sie oft eine ungewöhnliche soziale Kompetenz erworben. Ihre menschliche Reife wird von anderen geschätzt. Da macht es nichts aus, wenn diese von vielen sehr geachtete Person, die im Beruf hervorragend organisiert ist, in ihrer eigenen Wohnung besonders viel Zeit mit dem Suchen verlegter Gegenstände verbringen muss.

Nichts ist dort an seinem Platz; Termine werden vergessen, Rechnungen erst sehr spät bezahlt und das Buch aus der Leihbücherei ist schon wieder Wochen über dem Rückgabetermin. Gut, wenn da noch der Nicht-ADHS-Partner ist, der stillschweigend vieles übernimmt. ADHS-Menschen sind oft so liebenswert und haben so viele gute Qualitäten, dass ihre Schwächen daneben verblassen.

Oftmals verhält sich der ADHS-Partner so:	Das ist positiv:
– hört nicht zu – ist in Gedanken weit weg	– hat gerade in diesem Moment tolle Ideen im Kopf
– ist selten ganz bei der Sache	– kann bei Interesse ganz dabei sein, kann hyperfokussieren
– handelt häufig impulsiv	– hat ein intuitives Gespür für Trends, Entwicklungen, neue Ansichten
– vergisst sehr viel	– lässt sich helfen, lernt Strukturen
– bringt vieles nicht zu Ende	– ist großzügig mit den Schwächen anderer
– hat daheim Unordnung und Chaos	– findet vieles wieder, hat seine eigene Ordnung, lässt sich helfen
– kommt häufig zu spät, hält Termine nicht ein	– ist zerknirscht, besitzt jede Menge Wecker, lässt sich über Telefon wecken, hat ständig den Organizer bei sich, lernt dazu
– braucht immer neue Reize	– hat ständig neue Ideen, Pläne, ist ein Aktivitätsmotor im Beruf
– kann in interessanten Themen voll aufgehen – Hobbys sind manchmal wichtiger als Familienpflichten	– ist mit Elan bei der Sache – ein Tag in der Woche ist absoluter Familientag!

Oftmals verhält sich der ADHS-Partner so:	Das ist positiv:
– plötzliche Änderungen der Interessen – sucht Neues	– findet immer wieder neue interessante Themen – bemüht sich, beständig zu sein
– empfindet schnell Langeweile, Unzufriedenheit, Überdruss	– sucht sich immer neue Herausforderungen, verfolgt diese mit großem Einsatz
– ist ungeduldig und sprunghaft	– kann in kurzer Zeit viel schaffen
– ist immer etwas schneller als andere	– arbeitet als Selbständiger sehr erfolgreich
– ermüdet schnell	– hat gelernt, sich kurzzeitig zu entspannen
– eckt immer wieder an, scheut keine Konfrontation	– hat in der Verhaltenstherapie das konstruktive Streiten gelernt und wendet es mit Genuss an
– verwechselt noch immer rechts und links und macht Rechtschreib- und Rechenfehler	– steht zu seinen Defiziten und kann über seine Fehler lachen – kommt mit Hilfsmitteln zurecht
– erkennt andere Menschen mit ADHS schnell	– hilft gerne und setzt seine sozialen Fähigkeiten mit Freude ein.

Rückkehr ins Leben

ADHS ist eine Krankheit, deren Symptome nicht klar abgegrenzt sind, sondern in fließender Stärke auftreten können. Auf der Skala von ganz leicht betroffen bis schwerstens beeinträchtigt sehen wir viele völlig unterschiedliche Verläufe. Oft begleitet eine Sozialstörung das ADHS. Dann wird neben der medizinischen Behandlung auch eine intensive psychologische oder verhaltenstherapeutische Behandlung notwendig sein.

In den meisten Fällen sind Menschen, deren ADHS sehr stark ausgeprägt ist, seelisch sehr verletzt bis seelisch krank. Die Kränkungen aus der Kindheit sitzen tief und wirken bis weit in das Erwachsenenalter hinein. Zu Beginn einer Behandlung des ADHS erscheinen diese Menschen sehr unglücklich und extrem zurückgezogen. Manche sind demoralisiert. Den meisten ist eine positive Lebenssicht und das natürliche Vertrauen in eine bessere Zukunft verloren gegangen. Im Laufe der therapeutischen Behandlung vollziehen sie viele Häutungen mit Höhen und Tiefen. Nur zögerlich verlassen sie ihren Schutzpanzer. Vorsichtige Freude und schmerzhafte Rückfälle in alte Ängste halten sich zunächst noch die Waage. Doch langsam zeigt die Arbeit mit einem erfahrenen Psychologen Erfolg. Ein neues, positiveres Selbstbild formt sich. Schritt für Schritt treten ADHS-Menschen aus dem Schatten ihrer inneren Isolation und gewinnen eine ganz neue Sicht ihrer Rolle in der Gesellschaft.

Alte seelische Wunden, Selbsthass und Selbstverurteilung bestimmen nicht mehr ihr Fühlen und Handeln.

In Selbsthilfegruppen lernen sie andere Menschen kennen, die ähnliche Schwierigkeiten haben. Sie fassen zaghaft Mut und wagen den Kontakt. Trotzdem verlassen sie den Schildkrötenpanzer, in dem sie so lange gefangen waren, nur mit Zögern.

Es ist ein ganz großer Schritt, wenn es ADHS-Menschen gelingt, wieder unter anderen Menschen Fuß zu fassen und positive Beziehungen aufzubauen. Der zweite große Schritt ist die Rückkehr in die Arbeitswelt. Vielen gelingt dies erst nach Monaten intensiver Therapie. Die Erlangung von Alltagskompetenz, Handlungsfähigkeit, Lebensfreude und Vertrauen in das Leben ist der größte und schönste Erfolg, den sich die Betroffenen unter einem multimodalen Therapieschema erkämpfen können. Es ist die Rückkehr zur eigenen Persönlichkeit, es ist die Rückkehr ins Leben.

Epilog

Es ist warm in der Sonne und ich blinzele ins Licht. Mit feierlicher Miene überreicht Alexander mir eine Blume. „Ich bin zurück", sagt er, „mir ist eine neue Haut gewachsen." Er nimmt meine Hand und legt sie auf seine Brust. „Fühl mal, wie fest ich bin und doch nicht verhärtet."

Ich sehe ihn überrascht an: „Der Schildkrötenpanzer – hast du ihn weggeworfen?" „Ich brauche ihn jetzt nur noch selten und er ist unbequem. Er liegt beim Gerümpel." Alexander lacht ein wenig verlegen. Ich bemerke Glanz in seinen Augen. „Hat es weh getan, als dir die neue Haut wuchs?" „Es gab Risse und Angst – auch Schwärze, und es ging nur langsam. Manchmal hat es geblutet."

Alexander schwenkt die Arme und reckt sich in den Birnbaum. „Wenn du ADHS hast, bist du vom ersten Tag deines Lebens anders als alle anderen, das habe ich dir damals gesagt. Ich bin es noch und das ist gut so. Aber diese Knechtschaft, diese Unausweichlichkeit, so zu leben und so zu empfinden, wie diese Krankheit es vorgibt – ist vorbei. Die Krankheit ist mein Zwilling, ein Teil von mir – ich sage ihm meine Meinung und setze Grenzen. Es ist nicht das Ende aber, ich sehe Land."

„Es wird nie vorbei sein", höre ich mich sagen, „aber es wachsen immer neue Häute."

Anhang

Danach wird der Arzt fragen: Indikationen zur Therapie

	ja	nein
Selbststimulierung Übermäßiger Gebrauch von stimulierenden Substanzen: Cola, Kafee, Tee, Energiedrinks, Alkohol, suchtmäßiger Verzehr von Süßigkeiten, Schokolade, Nikotin, anderes …		
Bewegung und Sport: Risikosportarten, schnelles Laufen, Radfahren, Ballspielen, riskantes Autofahren, Crossfahren, waghalsiges Motorradfahren, anderes …		
Aktive Stimulierung durch Sensationslust: Spielsucht, Wetten, „alles aufs Spiel setzen", bewusst Risiken eingehen …		
Passive Stimulierung, passives Erleben von Risikosituationen: Hochspannung durch das Herstellen von hoher emotionaler Erregung bei Horrorfilmen, reißerischer Berichterstattung z. B. von Katastrophen, harten Gewaltfilmen, Autorennen, Sportevents …		
Stimulierung durch Risikosituationen im zwischenmenschlichen Bereich: Diskutieren, Streitgespräche, verbale Auseinandersetzungen, anderes …		
Gestimmtheit – Stimmungsschwankungen werden ausgelöst durch wenig bedeutsame Anlässe. – Depressive Verstimmungen dauern nicht lange an, wechseln mit sehr angeregten Zuständen. – Depressive Verstimmungen kehren immer wieder, mit wechselnder Heftigkeit und Dauer. – Neigung, „allem ein Ende machen zu wollen"; Suizidneigung.		
– Quälende innere Unruhe – ständige unterschwellige Gereiztheit – Bereitschaft, sich schnell zu ärgern, oder ärgern zu lassen, viele Konflikte mit anderen Menschen. Ungeduld mit sich selbst und anderen.		

	ja	nein
– schnell hoch aufschießender Zorn, Wutanfälle. – Angst vor sich selbst und den eigenen unberechenbaren Reaktionen.		
Antrieb – mangelnder Antrieb, ständiges Aufschieben von Pflichtaufgaben, Schwierigkeiten, Entschlüsse zu fassen, herabgesetzte Entscheidungsfähigkeit. Aufgestellte Planungen können nicht umgesetzt werden.		
Hoher Leidensdruck und häufige Ausbildung von Komorbiditäten (Begleiterkrankungen)		
Konzentration – Plötzlicher Verlust der Konzentration, Konzentration kann nicht willentlich wieder hergestellt werden. Gelesenes kann nicht im Gedächtnis behalten werden; Gelerntes steht nicht im richtigen Augenblick zur Verfügung (Namen, Daten, Sachverhalte). – Extreme Angst vor Prüfungssituationen, Prüfungen können nicht erfolgreich abgelegt werden (mangelhafte Ergebnisse trotz guten Willens, Kapazitäten werden nicht ausgeschöpft oder angemessen eingesetzt).Die andauernde Arbeitsfähigkeit ist unter Stress eingeschränkt.		
Hoher innerer Störpegel – Geräusche oder Gerüche wirken quälend. Das Kälte-Wärmeempfinden ist verändert. – Subjektives Gefühl, nicht richtig sehen oder hören zu können. – Übersteigertes oder verringertes Schmerzempfinden. – Besondere Lichtempfindlichkeit. – Unsicherheit in der Unterscheidung von rechts/links. – Gleichgewichtsstörungen: plötzliches leichtes Schwanken (Taumeln) beim Gehen. – Andauernde gespannte Gereiztheit durch die ungefilterte Anflutung von sowohl körpereigenen wie umweltbedingten Sinneswahrnehmungen. Unwichtige Reize können nicht unterdrückt werden.		
Organisationsschwierigkeiten – Sehr eingeschränkte Organisationsfähigkeit, eingeschränkte Alltagskompetenz.		

	ja	nein
– Eingeschränkte Zeitplanung: häufiges Zuspätkommen, „die Zeit vergessen"; Termine werden nicht eingehalten, unrealistische Zeitplanung. – Wenig Ordnung im privaten Bereich. Sammeln von wichtigen und unwichtigen Dingen. Unfähigkeit zum Ordnen, Aufräumen und Aussortieren. – Tägliches Suchen nach verlegten Gegenständen. – Pläne und Organisationshilfen werden nicht angewendet. – Häufige Überkompensierung durch extremes Ordnungsverhalten und Selbstkontrolle.		
Nervöse motorische Unruhe – Nägelknabbern, Nagelhaut zupfen, Haare streichen, häufige schnelle Fingerbewegungen, heftige Gestik, Wippen mit den Füßen, dauerndes Kaugummi kauen, räuspern, ununterbrochen mit kleinen Gegenständen spielen.		

Komorbiditäten bei ADHS

Angststörungen Generalisierte Angststörung (Enge Räume – Höhenangst – Existenzangst – Angst vor konkreten Dingen) (Angst vor unbekannten Ereignissen) Panikstörung, Phobie
Anfallartige Störungen Anfallsleiden Zwangsstörungen Ticstörung Posttraumatische Belastungsstörung Antisoziale Persönlichkeitsstörung Borderline-Persönlichkeit Oppositionelles Verhalten (häufige Auseinandersetzungen mit anderen Menschen, Schwierigkeiten mit Kollegen – Nachbarn – Familie)
Depression Manisch-depressive Störung Obsessiv-kompulsive Störung

Psychisches Belastungssyndrom Situationsbedingte Aufregung Störung der Impulskontrolle Störung des Sozialverhaltens
Suchtverhalten (Kokain, Cannabiskonsum, Alkoholismus, Rauchen, Medikamentenmissbrauch)
Arzneimitteleffekte (z. B. Phenobarbital) Schildrüsen-Über- und -unterfunktion Bleivergiftung Coffeinismus (exzessiver Kaffee- u. Colakonsum)
Chronische Erschöpfung
Tourette-Syndrom
Essstörungen (viel/wenig/zwanghaft/Süßes/Schokolade)
Lernstörungen: Lernschwäche, Merkschwäche (Namen, Zahlen, Geburtstage) Legasthenie Dyskalkulie Schlechte Handschrift
Schwierigkeiten mit dem Unterscheiden von rechts und links Schwierigkeiten mit dem Taktschlagen Wenig Geschicklichkeit mit den Händen Schwerer, manchmal unsicherer Gang (Taumeln, schwanken) Schwierigkeiten mit dem Sehen (bei normaler Sehfähigkeit) Schwierigkeiten mit dem Hören (bei normaler Hörfähigkeit) Kälte und Wärmeempfinden (wenig ausgeprägt/stark ausgeprägt) Schmerzempfinden (wenig, stark) Geschmack (wenig ausgeprägt, stark ausgeprägt)
Schlafstörungen, Einschlafstörung, Durchschlafstörung
Depressionen

Fragebogen hyperaktive ADHS

	ja	nein
Sind sie oft unkonzentriert?		
Lassen Sie sich leicht ablenken?		
Sind Sie in Gedanken oft weit weg?		
Überstürzen sich Ihre Gedanken oft?		
Ist es zeitweilig so, als ob in Ihrem Kopf mehrere Radiosender gleichzeitig laufen würden?		
Möchten Sie am liebsten alles sehr schnell ausführen?		
Fangen Sie manche Dinge mit Elan an und vergessen dann, sie zu Ende zu bringen?		
Ist Schnelligkeit im Denken wie im Handeln ein Merkmal Ihrer Persönlichkeit?		
Ärgern Sie sich oft über die Langsamkeit, das Unverständnis und die Trägheit anderer?		
Fühlen Sie sich nach viel körperlicher Bewegung entspannter?		
Verlieren oder verlegen sie oft: Schlüssel, Merkzettel, Stifte, Brille …?		
Haben Sie große Probleme, zur rechten Zeit am rechten Ort zu sein?		
Vergessen Sie immer wieder z. B. Geburtstage, Telefonnummern, Namen …		
Kommen Sie immer wieder zu spät?		
Handeln Sie häufig vorschnell und aus dem Gefühl heraus?		
Sind Ihnen ewig gleiche Routineaufgaben ein Graus?		
Erscheinen Ihnen manche Menschen, Tätigkeiten, Dinge eine Zeit lang höchst interessant, doch dann verlieren Sie schnell die Lust daran?		
Können Sie Langeweile nur schwer aushalten?		

	ja	nein
Spielt Euphorie eine bedeutende Rolle in Ihrem Leben?		
Fühlen Sie sich häufig „himmelhoch jauchzend, zu Tode betrübt?"		
Können Sie aus dem Augenblick heraus völlig begeistert von einer Sache sein?		
Machen Sie gerne „Aktivurlaub"?		
Suchen Sie im Urlaub schnell Beschäftigung?		
Sehen Sie zeitweilig die besonders wichtigen Teile einer Sache nicht, sondern bleiben in den weniger wichtigen Einzelheiten stecken?		
Regen Sie sich schnell auf und machen dann unbedachte Äußerungen gegenüber anderen?		
Gehen Sie häufig aus geringem Anlass „in die Luft"?		
Sind Sie häufig sehr verärgert und zornig, wenn Ihr Partner (Kollege, Freund . . .) Sie vermeintlich ungerecht behandelt?		
Können Sie immer wieder richtig jähzornig sein?		
Irritieren Sie immer wieder Ihre Mitmenschen durch vorschnell geäußerte Meinungen?		

Wenn Sie die Fragen dieser Liste überwiegend mit Ja beantworten können, könnte dies ein Hinweis darauf sein, dass bei Ihnen ein ADHS vom unaufmerksamen und hyperaktiv/impulsiven Typus vermutet werden kann.

Wenn Sie die Fragen der folgenden Liste überwiegend mit Ja beantworten können, ist dies möglicherweise ein Hinweis auf ein ADHS vom unaufmerksamen Typus.

Wenn Sie viele Fragen in beiden Listen mit Ja beantworten können, könnte ein ADHS vom Mischtypus vorliegen.

Diese Fragen sind sorgfältig erarbeitet worden. Dennoch ersetzen sie keine Diagnose! Diese kann ausschließlich von einem spezialisierten Facharzt gestellt werden!

Fragebogen hypoaktive ADHS

Diagnose ADHS - Hypoaktivität	ja	nein
Sind Sie oft unkonzentriert?		
Sind Sie leicht ablenkbar und verträumt? Müssen Sie oft Aufmerksamkeit über ihren Willen herstellen?		
Haben Sie manchmal den Eindruck, langsam zu denken und zu reagieren?		
Hören Sie manchmal nicht, wenn man Sie anspricht?		
Laufen oft Ereignisse Ihres Alltagslebens vor Ihrem inneren Auge wie ein Film ab?		
Haben Sie oft Tagträume?		
Sind Sie oft übermäßig empfindlich? Können Sie zum Beispiel Gerüche, Geräusche, Farben, Musik, Licht, Wärme, Kälte nicht ertragen?		
Brauchen Sie viel Ruhe für sich?		
Sind Sie sehr schnell sehr gekränkt? Regen Sie sich schnell auf?		
Fühlen Sie sich oft abgelehnt und missverstanden?		
Kommen Ihnen schnell die Tränen?		
Brauchen Sie viel zeitlichen Freiraum, um in Ruhe Ihre privaten Aufgaben zu ordnen?		
Ziehen Sie sich oft zurück, um wieder Kräfte zu sammeln?		
Brauchen Sie sehr viel Schlaf? Sind Sie nach ausreichendem Schlaf nicht erfrischt?		
Haben Sie immer wieder Probleme, pünktlich zu sein?		
Fällt es Ihnen schwer, Arbeitsstrategien und Strukturierung Ihrer Aufgaben anzuwenden?		
Stellen Sie nur ungern Pläne auf und handeln Sie lieber spontan?		

	ja	nein
Haben Sie oft extreme Probleme, sich zu einer Handlung zu entschließen?		
Fehlt es Ihnen oft an Antrieb?		
Sind aufmunternde Substanzen (Kaffee, Tee, Cola) besonders wichtig für Sie?		

Kopiervorlagen Planungsbögen

Die folgenden, in den vorhergegangenen Kapiteln bereits vorgestellten Planungsbögen können Sie vergrößert kopieren und dann für Ihre eigene Planung nutzen.

Kopiervorlage Projektplanung

Was werde ich tun?	Warum werde ich es tun?
Wann werde ich es tun?	Termin festlegen
Wie viel Zeit brauche ich zur Vorbereitung?	Realistischer Zeitraum
Wer unterstützt mich?	Personen, Sachmittel, Ressourcen
Wen muss ich informieren?	Personen, Institutionen
Welche Hindernisse könnten eintreten?	Ich selbst, andere Personen, Umstände
Welche alternativen Ideen habe ich?	Ideen, Gedanken
Will ich die geplante Aktion wirklich durchführen?	Alternativen

Kopiervorlage Projektplanung für Feste u. ä.

Projekt:	Termin:
Nähere Bezeichnung	Zahl der Gäste
Vorbereitungszeit	Wie wird eingeladen?
Wer wird eingeladen?	
Raum, Raumkosten	
Materialien	Kostenrahmen
Bewirtung Essen	Getränke
Ablauf und Inhalte	Wer hilft?

Kopiervorlage Wochenplanung

Montag	Dienstag	Mittwoch	Donnerstag	Freitag	Samstag	Sonntag

Kopiervorlage Wochenplan mit Stundeneinteilung

Name: _____ Datum: _____

Beschreibung der Tätigkeit: _____

Zeit	Mo	Di	Mi	Do	Fr	Sa	So
7.00							
8.00							
9.00							
10.00							
11.00							
12.00							
13.00							
14.00							
15.00							
16.00							
17.00							
18.00							
19.00							
20.00							
21.00							
22.00							
23.00							
24.00							

Verplanen Sie höchstens 60 Prozent Ihrer Zeit!

Kopiervorlage Konzentration am Arbeitsplatz

Unter diesen Arbeitsbedingungen bin ich gut konzentriert	das behindert meine Konzentration
sehen	sehen
hören	hören
riechen	riechen
schmecken	schmecken
berühren, fühlen, bewegen	berühren, fühlen, bewegen
Emotionen, Stimmung, Tempo	Emotionen, Stimmung, Tempo

Andere Bezeichnungen für ADHS

Hyperkinetisches **S**yndrom (**HKS**)
(inzwischen veraltet, aber unter Medizinern noch oft benutzt.)

Attention **D**eficit (**H**yperactivity) **D**isorder (**ADHD**) (internationale Bezeichnung.)
  Verwendet im DSM IV der amerikanischen psychiatrischen Vereinigung und Bezeichnung im ICD 10 der WHO.

Bücher, die weiterhelfen

Claus, Dieter / Elisabeth Aust-Claus / Petra M. Hammer:
ADS – das Erwachsenen-Buch, Ratingen (Oberstebrink) 2002.

Hallowell, Edward M. / John Ratey:
Zwanghaft zerstreut oder die Unfähigkeit, aufmerksam zu sein, Reinbek (Rowohlt) 1999.

Krause, Johanna / Klaus H. Krause (Hrsg.):
ADHS im Erwachsenenalter, Stuttgart (Schattauer) 2003.

Selbsthilfeadressen/Verbände

Der **Bundesverband Arbeitskreis Überaktives Kind e.V.** (AÜK) wendet sich an betroffene Kinder, Jugendliche und Erwachsene.

Die Website bietet ein deutschlandweites Verzeichnis der Telefonberatungsstellen des AÜK sowie ein Verzeichnis von Selbsthilfegruppen und Kontaktpersonen in Österreich, Belgien, in der Schweiz, Deutschland und den Niederlanden.

Der Verband bietet eine eigene Zeitschrift, einen Informationsfilm, Literaturempfehlungen, Veranstaltungshinweise.

Der **Bundesverband Aufmerksamkeitsstörung/Hyperaktivität, ehemals Bundesverband der Elterninitiativen zur Förderung hyperaktiver Kinder e.V.**
bietet auf seiner Website http://www.osn.de/user/hunder/badd.htm eine eigene Zeitschrift „Was nun?" Bücher im Selbstverlag, Informationsbroschüren, Videos und ein Verzeichnis der Regionalgruppen.

Die **Elterngruppe ADS/Hyperaktivität Frankfurt/M.**
stellt auf http://www.ads-hyperaktivitaet.de allgemeine Informationen über das Aufmerksamkeitsdefizitsyndrom und Hyperaktivität, Berichte über Veranstaltungen, Bücher im Selbstverlag, Hilfen für Kinder und Jugendliche mit ADS/H, ein kommentiertes Literaturverzeichnis, Presseartikel zum Thema ADS/H, Radiotipps, einen Veranstaltungskalender für Deutschland, ein Verzeichnis der Elterngruppen in Deutschland und einen virtuellen Gesprächskreis zur Verfügung.

Internetadressen

ADD-Online
ist ein recht umfangreiches Angebot des Schweizer Psychologen Piero Rossi und des Mainzer Arztes Martin Winkler mit dem Anspruch, für Fachpersonen und andere Interessierte wissenschaftlich abgestützte Informationen über Diagnose und Therapie bei ADHS bereitzustellen. Man findet unter http://www.adhs.ch/ u.a. Texte zu ADHS bei Erwachsenen, Kindern und Jugendlichen, eine Bücherliste, Chat-Rooms, ein Diskussionsforum, Mailinglisten für Betroffene (add-de), betroffene Frauen (add-women), Eltern von betroffenen Kindern (ADDKids-de) sowie Ärzte und Psychotherapeuten (ADDprofessionals-de) sowie Links.
Wohl die beste Internet Information.

Unter http://www.hyperaktiv.de/ sind Tipps für Eltern, Erwachsene und Lehrer zu finden, ein Diskussionsforum, ein Bücherverzeichnis mit kurzen Kommentaren sowie Online-Artikel u.a. zu Neurobiologie des ADS/ADHS, Therapie, leben mit ADHS.

Adapt
ist ein Verein von Eltern, Lehrern und Therapeuten aus Österreich, der sich um Förderung von Personen mit ADHS und Teilleistungsschwächen kümmert. Unter http://www.adapt.at erscheinen neben allgemeinen Informationen Ankündigungen von Vorträgen, Eltern-Lehrer-Diskussionsrunden und ADHS-Erwachsenentreffen.

Hypies
bietet auf http://www.hypies.com/ u.a. Adressen, allgemeine Informationen, ein Begleitarchiv, Bücher, einen Chat-Room, Links, Schwarze Bretter für Kinder, Jugendliche und Erwachsene, Termine, Treffen.